KREUZZÜGE

CHRISTA PÖPPELMANN

Compact Verlag

© 2009 Compact Verlag München
Alle Rechte vorbehalten. Nachdruck, auch auszugsweise,
nur mit ausdrücklicher Genehmigung des Verlages gestattet.
Chefredaktion: Dr. Angela Sendlinger
Redaktion: Anna Kalb
Produktion: Wolfram Friedrich
Abbildungen: Lidman Productions, Stockholm;
Gruppo Editoriale Fabbri, Mailand;
dpa Picture-Alliance GmbH, Frankfurt; Compact Verlag, München
Titelabbildungen: dpa Picture-Alliance, Frankfurt;
Compact Verlag, München
(im Uhrzeigersinn: Buntglasfenster der Kathedrale Notre-Dame de Paris;
Gottfried von Bouillon; In den Kampf ziehende Kreuzfahrer;
Friedrich I. Barbarossa)
Gestaltung: Axel Ganguin
Umschlaggestaltung: Hartmut Baier

ISBN 978-3-8174-6692-4
5466921

Besuchen Sie uns im Internet: www.compactverlag.de

Inhalt

Der Erste Kreuzzug

Am 27. November 1095 rief Papst Urban II. auf einer Synode im französischen Clermont die Christen auf, das Heilige Land von den Moslems zu befreien. Damit löste er den Ersten Kreuzzug aus. Dieser führte dann tatsächlich zur Eroberung Jerusalems und zur Bildung von vier Kreuzfahrerstaaten an der Levanteküste. Um diese Staaten zu sichern, kam es in den Jahrhunderten danach zu weiteren Kreuzzügen, die jedoch meist erfolglos und tragisch endeten. Doch auch der Erste Kreuzzug zeichnete sich schon durch exzessive Grausamkeiten aus, die sowohl von einem Volksheer in Europa als auch von den Kreuzrittern in Anatolien und dem Nahen Osten begangen wurden.

*Sturm der Kreuzritter
auf Jerusalem*

Die Vorgeschichte

Jerusalem und der Nahe Osten waren bereits im Jahr **637** von den **Arabern** eingenommen worden. Die islamische Herrschaft über die heiligen Stätten der Christenheit war im Jahr 1095 also längst Geschichte. Der eigentliche Auslöser des Kreuzzuges war denn auch ein anderer: Die muslimischen Seldschuken setzten ihre Eroberungen im Nahen Osten auf Kosten des **byzantinischen Reiches** fort, das so bereits große Teile Anatoliens verloren hatte.

Durch diese Gebietsverluste verkleinerte sich aber auch das Reservoir an Untertanen, aus dem die oströmischen Kaiser ihre Söldner rekrutieren konnten, denn in Byzanz gab es kein Rittertum wie in Westeuropa. In den Krieg zog nur, wer keine bessere Perspektive hatte, als sich als Söldner zu verdingen. Außerdem hatten frühere Kaiser massiv am Heer gespart. Ende des elften Jahrhunderts litt das byzantinische Reich deshalb Mangel an gut ausgebildeten Soldaten. Auch Versuche, in Westeuropa Söldner anzuwerben, hatten nicht allzu viel Erfolg gehabt, und an eine selbstlose Hilfsaktion des Westens für das Oströmische Kaiserreich gegen die Aggressoren aus dem Osten war angesichts der gespannten Beziehungen zwischen Byzanz und dem „lateinischen" Europa schon gar nicht zu denken. Also kam **Kaiser Alexios I. Komnenos** (1048–1118) auf die Idee, den Papst um Hilfe bei der Anwerbung von Soldaten zu bitten, indem er ihm **übertriebene Gräuelgeschichten** über die Unterdrückung der Christen im Heiligen Land und die Entweihung der heiligen Stätten erzählte.

❗ Zeitzeugen

Es gibt kein Ereignis des Mittelalters, über das es so viel Material zeitgenössischer Chronisten gibt wie über die Kreuzzüge. Doch vieles davon ist mit Vorsicht zu genießen, da die Chronisten ihre Informationen nur aus zweiter oder dritter Hand bekamen, Gerüchte für Tatsachen hielten, parteiisch waren und vor allem bei Zahlen grandios übertrieben.

Machtwechsel im Heiligen Land

Doch so schlimm stand es um die Christenheit im Heiligen Land gar nicht. Nach der Eroberung Jerusa-

lems im Jahr 637 hatte **Kalif Omar** (um 581–644) sowohl den orientalischen Christen als auch den heiligen Stätten der Christenheit seinen Schutz zugesagt.

Eingang der Grabeskirche Jesu Christi in Jerusalem

Die Christen waren in ihren Rechten zwar eingeschränkt – mussten etwa eine Kopfsteuer zahlen, andere Kleidung tragen, durften öffentlich nichts tun, was gegen die Gesetze des Islam verstieß, keine Waffen tragen und nicht auf Pferden reiten –, konnten aber ihren Glauben weitgehend unbehelligt ausüben. Manche Historiker meinen sogar, die Christen im Heiligen Land hätten unter muslimischer Herrschaft friedlicher leben können als zuvor unter der byzantinischen, die „irrgläubige" christliche Gruppen verfolgte. Doch Ende des 10. Jahrhunderts eroberten die aus Nordafrika stammenden schiitischen **Fatimiden** nicht nur die heiligen Städte des Islam – Mekka und Medina –, sondern auch Palästina und Syrien. Unter dem **Kalifen al-Hakim** (985–1021) begann eine intolerante Religionspolitik. Juden und Christen wurde die öffentliche Ausübung ihres Glaubens verboten. Sie wurden drangsaliert, christliche Kirchen und Klöster wurden geplün-

 Schon gewusst?

In der muslimischen Welt gilt al-Hakim als bedeutender Herrscher, der sich vor allem um die Förderung der Wissenschaft verdient gemacht hat. Die Sekte der **Drusen** sieht in ihm sogar eine Inkarnation Gottes. Sie glaubt, dass er nicht gestorben ist, sondern entrückt wurde und nach 1000 Jahren wieder auf die Erde zurückkehren wird. Heute gibt es etwa 750.000 Drusen. Druse wird man jedoch – unabhängig von der persönlichen Überzeugung über die Göttlichkeit al-Hakims – automatisch, indem man als Kind einer drusischen Familie zur Welt kommt. Außenstehende können nicht zum Drusentum konvertieren.

dert, um damit etwa Kriegszüge oder den Bau von Moscheen zu finanzieren. **1009** kam es sogar zur Zerstörung der Grabeskirche in Jerusalem.

Papst Gregor VII.

Die verschlechterte Situation der Christen im Nahen Osten ließ im Westen den Gedanken an ein militärisches Eingreifen aufkommen. **Papst Gregor VII.** (Hildebrand, um 1020–85) erwog im Jahr 1074, sich persönlich an die Spitze eines Heeres zu setzen und Jerusalem zu erobern. Letztendlich aber widmete er sich dann doch dem Ausbau der päpstlichen Macht in Europa und seinem persönlichen Kreuzzug gegen Kaiser Heinrich IV. (1050–1106), den er exkommunizierte und 1077 zum Bußgang nach Canossa nötigte.

Mit der Regierungsübernahme von al-Hakims Sohn **az-Zahir** (1005–36) besserten sich auch die Verhältnisse im Orient wieder. Auch wenn immer wieder Pilger auf ihrer langen und gefahrvollen Reise nach Jerusalem Opfer von muslimischen Land- und Seeräubern wurden bzw. zwischen die Fronten kämpfender Parteien gerieten, wurden die Christen vonseiten der Behörden wieder geduldet wie früher. Die meisten Historiker gehen davon aus, dass sowohl die Lebensbedingungen der orientalischen Christen wie auch die Pilgermöglichkeiten – wenn man nicht den Landweg durch das unruhige Anatolien nahm – unmittelbar vor den Kreuzzügen ziemlich gut waren.

Die Niederlage bei Mantzikert

Prekärer war jedoch die Lage des Oströmischen Reiches. Denn im Nahen Osten war eine weitere islamische Macht aufgetaucht: die aus Zentralasien stammenden, turksprachigen **Seldschuken**. Sie hatten 1040 den heutigen Iran erobert und setzten ihre aggressive Politik weiter Richtung Westen fort. Vermutlich hatte es **Sultan Alp Arslan** (1029–72) vor allem darauf abgesehen, die schiitischen Fatimiden zu stürzen, die Nordafrika, Syrien und Palästina beherrschten. Doch zwangsläufig geriet er auch mit dem byzantinischen Reich in Konflikt, dessen Einflussbereich damals noch bis Armenien reichte. Das oströmi-

---

! Pilgerfahrt nach Jerusalem

Wer die lange und gefährliche Pilgerfahrt nach Jerusalem auf sich nahm, wollte meist nicht nur das Heilige Land persönlich sehen, sondern verband einen handfesten Zweck damit. Entweder hatte er die Fahrt zur Erfüllung eines großen Wunsches gelobt oder er tat es als Buße für schwere Sünden. Ab dem 10. Jahrhundert setzte ein regelrechter Pilgertourismus ein, da es Byzanz gelungen war, die Seeräuberei im Mittelmeer einzudämmen, worauf der Seeweg von Konstantinopel nach Jerusalem relativ sicher war. Sowohl in Jerusalem und anderen heiligen Städten wie auch entlang der Pilgerwege war man darauf eingerichtet, die Pilger, die meist in großen Gruppen unterwegs waren, zu beherbergen und zu verköstigen. In den Jahren 1064 und 1065 soll sogar einmal eine Gruppe, die aus 10.000 Pilgern bestand, das Heilige Land aufgesucht haben, was aber wohl übertrieben ist. Während der Reise stand der Besitz der Pilger in der Heimat unter dem Schutz der Kirche und Schuldforderungen oder Gerichtsprozesse wurden aufgeschoben.

sche Kaisertum war jedoch in einem schlechten Zustand. Es gab immer wieder Thronstreitigkeiten und außerdem waren die Staatsfinanzen zerrüttet. Vor die Wahl gestellt, entweder bei der aufwendigen Hofhaltung oder am Heer zu sparen, hatte sich **Konstantin X. Dukas** (1006–67) für eine Verkleinerung der Armee entschieden.

In dieser Situation musste sein Nachfolger **Romanos IV.** (reg. 1068–71) nun den Angriff der Seldschuken auf die Reichsgrenzen abwehren. Anfangs schlug er sich tapfer, doch am 26. August 1071 erlitt er mit seinem schlecht bezahlten und folglich unzuverlässigen Söldnerheer bei Mantzikert (heute Malazgirt) in der Nähe des Berges Ararat eine verheerende Niederlage gegen die Seldschuken. Er selbst wurde gefangen genommen. Dies war jedoch nur ein Teil der Katastrophe, denn Alp Arslan war an einem **Friedensabkommen** mit dem Kaiser interessiert. Er war bereit, Romanos gegen ein Lösegeld und die Anerkennung der seldschukischen Herrschaft über die bereits eroberten Gebiete im Kaukasus und im äußersten Osten der heutigen Türkei freizugeben.

Doch der byzantinische Kaiser war nur an die Macht gekommen, indem er die Witwe seines Vorgängers geheiratet hatte. Dessen Clan, die alteingesessene und mächtige Adelssippe **Dukas**, war nicht gewillt, sich damit abzufinden. Sie hatte den Kaiser bereits während der Schlacht im Stich gelassen, erklärte ihn nun für abgesetzt und setzte Konstantins Sohn als **Michael VII.** (1059–78) auf den Thron. Romanos ließ sich das nicht gefallen, sodass es zu Kämpfen zwischen seinem verbliebenen Heer und den Truppen der Dukas kam. Schließlich wurde Romanos gefangen genommen. Um ihn regierungsunfähig zu machen, stachen ihm seine Gegner die Augen aus, woran er wenige Tage später starb. Alp Arslan betrachtete den Friedensvertrag daraufhin als nichtig und fiel wieder in Anatolien ein. Unterdessen ging in Byzanz der **Bürgerkrieg** weiter: Michael VII. geriet derart unter Bedrängnis, dass er die Seldschuken gegen seine internen Feinde zu Hilfe rief und ihnen dafür große Teile Anatoliens überließ. Trotzdem wurde er 1078 von einem Offizier gestürzt, der sich als Nikephoros III. selbst zum Kaiser machte. Drei Jahre später wurde Nikephoros von einem Feldherrn

Die Heimat der Seldschuken

aus der Aufsteiger-Familie **Komnenos** gestürzt, der als **Alexios I.** (1048–1118) den Thron bestieg.

Kaiser Alexios I.

Zu diesem Zeitpunkt war fast ganz Anatolien mit Ausnahme der Westküste in der Hand der Seldschuken. 1077 eroberten sie dann auch **Palästina** inklusive Jerusalem, ohne dass sich die Lage der dortigen Christen dadurch verschlechterte. Alexios bemühte sich anfangs um Bündnisse mit ihnen, um sich gegen andere Feinde durchzusetzen, etwa die sizilianischen Normannen oder die Seerepublik Venedig. Nachdem er diese Gefahren gebannt hatte, widmete er sich wieder den Türken.

Während die Historiker früher davon ausgingen, dass Alexios aus einer Notlage heraus im Westen um Hilfe bat, nehmen heute die meisten eher an, dass sich Byzanz in den Jahren unmittelbar vor dem Kreuzzug wieder in einer relativ starken Position befand und Alexios eine **offensive Politik** gegenüber den Seldschuken plante, für die ihm aber die Mittel fehlten. Mit Sicherheit wollte er **keinen Kreuzzug** auslösen, sondern hoffte lediglich, Söldnerheere zur Verfügung gestellt zu bekommen, die er dann nach Belieben hätte einsetzen können. Doch offenbar wusste er wenig von der Mentalität der Westeuropäer, was den Krieg betraf. Denn im byzantinischen Reich war Krieg ein notwendiges Übel, an dem sich die Oberschicht möglichst wenig die Finger schmutzig machen wollte, und die griechische Kirche lehnte bewaffnete Auseinandersetzungen weit stärker ab als die römische im Westen. Dass er von Menschenmassen überrannt wur-

? Schon gewusst?

Anfangs sprachen die Kreuzfahrer selbst nicht von Kreuzzügen, sondern von **Wallfahrten in Waffen** oder bewaffneten Pilgerfahrten. Erst im 13. Jahrhundert bürgerte sich der Begriff „Kreuzzug" ein.

de, die danach lechzten, die heiligen Stätten zu befreien, traf Kaiser Alexios ebenso unvorbereitet wie die Tatsache, dass diese Kämpfer von Fürsten angeführt wurden, die ihre eigenen Ziele verfolgten.

Fortdauernder Investiturstreit

Um **Papst Urban** (Odo de Lagery, reg. 1088–99) für die Anwerbung von westeuropäischen Soldaten zu gewinnen, verbreitete Alexios jedoch nicht nur Gräuelgeschichten, sondern machte auch ein verlockendes Angebot: Er stellte eine Wiedervereinigung der römisch-katholischen und der oströmisch-orthodoxen Kirche in Aussicht, die sich 1054 faktisch voneinander getrennt hatten.

Papst Urban II.

! Das Morgenländische Schisma von 1054

Die Trennung Europas in einen lateinisch sprechenden Westen und einen griechischen Osten hatte auch zu einer Entfremdung zwischen der römischen und der griechischen Kirche geführt, was immer wieder Konflikte über religiöse Inhalte, den Ritus und kirchenpolitische Dinge mit sich brachte. 1054 bot Papst Leo IX. (1002–54) dem oströmischen Gouverneur Siziliens militärische Hilfe gegen die Normannen an, unter der Bedingung, dass die dortigen Kirchen den lateinischen Ritus übernähmen. Daraufhin ordnete Patriarch Michael von Konstantinopel (um 1000–59) eine Unterwerfung der römischen Kirchen von Konstantinopel unter den griechischen Ritus an. Papst Leo schickte darauf eine Gesandten nach Ostrom: Kardinal Humbert von Silva Candida (um 1010–61). Dieser beschimpfte den Patriarchen und andere Kleriker aufs Übelste, bezichtigte die griechische Kirche der Häresie, verlangte die Berichtigung angeblicher Irrtümer und exkommunizierte schließlich die oströmische Kirchenführung. Diese wiederum exkommunizierte Humbert und seine Begleiter. Anschließend herrschte Funkstille zwischen Ost- und Westkirche.

Urban II., der um 1035 als Spross einer Adelsfamilie im französischen Châtillon-sur-Marne geboren worden war, hatte von seinen Vorgängern auf dem heiligen Stuhl den Kampf gegen Kaiser Heinrich IV. geerbt. Doch das Instrument der Exkommunikation, mit dem Gregor VII. den Kaiser noch zum Bußgang nach Canossa hatte drängen können, war inzwischen abgenutzt. Die Autorität des Papstes erstreckte sich längst nicht mehr über ganz Europa. Ein großer Teil der deutschen Bischöfe, aber auch die von England und Oberitalien, erkannten nicht Urban, sondern den vom Kaiser im Jahr 1084 eingesetzten **Clemens III.** (um 1025–1100) als rechtmäßigen Papst an. Urbans größter Rückhalt war der französische König **Philipp I.** (1052–1108). Doch dieser stand zwar politisch zum Papst, genügte jedoch den moralischen Anforderungen nicht, die das Papsttum propagierte. 1094 war Urban gezwungen, auch Philipp zu exkommunizieren, wenn er nicht unglaubwürdig werden wollte. Denn der König hatte seine Ehefrau verstoßen und die Gattin des Grafen von Anjou entführt und geheiratet. In der Folge rang Urban Philipp immer wieder das Versprechen ab, sich von Bertrada zu trennen, löste dann den Bann, musste ihn aber doch wieder verhängen, da Philipp und Bertrada

gar nicht daran dachten, wirklich aufeinander zu verzichten. In dieser prekären Situation erreichte Urban II. im März 1095 das Hilfsgesuch aus Konstantinopel. Einen Kreuzzug auszurufen und den Zwist mit der Ostkirche zu beenden, muss ihm als probates Mittel erschienen sein, den päpstlichen Anspruch als Führer der ganzen Christenheit wieder zu stärken. Daneben war es Urban aber auch ein Anliegen, den Kampfeswillen der jungen Ritter, der sich in unzähligen blutigen Fehden Luft machte, in sinnvollere Bahnen zu lenken. In den folgenden Monaten war er vor allem in Italien und Frankreich unterwegs, um Alexios' Berichte über die Situation im Nahen Osten zu verbreiten und für eine Synode in Clermont zu werben.

Papst Urban II. auf der Synode von Clermont – der Ursprung der Kreuzzugsidee

Die Synode von Clermont

In Clermont-Ferrand trafen sich vom 10. bis zum 28. November 1095 vor allem Bischöfe und Äbte aus Frankreich, Spanien und Teilen Italiens. Bereits im Vorfeld wurde bekannt, dass Urban beabsichtigte, ein Ereignis von großer Bedeutung für die Christenheit zu verkünden. Laut zeitgenössischen Chronisten strömten deshalb Tausende zusammen. Am **27. November 1095** trat dann der Papst, der von Zeitgenossen als imposanter, kahlköpfiger Mann mit langem Bart beschrieben wird, am Osttor der Stadt vor die Menge und hielt einen dramatischen Vortrag über die Leiden der Christenheit im Heiligen Land. Geschändete Kirchen und vergewaltigte Frauen kamen ebenso vor wie eine angebliche Zwangsbeschneidung der Christen und besonders abscheuliche Todesar-

ten, etwa, dass den Christen die Gedärme herausgerissen und an einen Pfahl gebunden wurden und die Todeskandidaten dann so lange um den Pfahl laufen – und die eigenen Därme aufwickeln – mussten, bis sie zusammenbrachen. Als Urban schließlich zum Kampf aufrief, schrie die Menge angeblich **„Deus lo vult!"** („Gott will es"). Der Bischof von Le Puy, Adhemar de Monteil (†1098), fiel vor Urban auf die Knie und bat um die Erlaubnis, gegen die Heiden ziehen zu dürfen. Nach diesem Auftritt, der wohl zuvor

„Deus lo vult!"
Aufbruch zum Ersten Kreuzzug

13

Am Tag nach dem Kreuzzugsaufruf wurde beschlossen, dass sich jeder, der den Eid geleistet hatte, ein Kreuz auf sein Gewand nähen sollte. „Welch wunderbares und liebliches Schauspiel waren sie für uns, all diese leuchtenden Kreuze aus Seide, Gold oder jeder Art Tuch, welche die Pilger auf Befehl des Papstes auf die Schultern ihrer Mäntel, Röcke oder Joppen nähten", schildert der Chronist **Fulcher von Chartres** (1059–1127), der als Kaplan des Grafen von Blois am Kreuzzug teilnahm. Bei späteren Kreuzzugsaufrufen lagen solche Stoffkreuze dann schon bereit, sodass jeder ganz konkret „das Kreuz nehmen" konnte. Besonders effektvoll war es, wenn sie nicht ausreichten und die Prediger sich ihre Gewänder zerrissen, um den Ansturm zu bewältigen.

Croisés (xiᵉ-xiiiᵉ siècles).

Die Gewänder der Kreuzritter

abgesprochen worden war, gelobten auch viele andere Adlige, am Kreuzzug teilzunehmen. Als Lohn versprach Urban den künftigen Kreuzfahrern, dass ihnen der Kampf, falls er „allein um der Frömmigkeit und nicht der Ehre und des Geldes willen" geführt würde, ebenso wie eine friedliche Wallfahrt als vollkommene **Buße für ihre Sünden** angerechnet würde. Am nächsten Tag bestimmte die Synode Adhemar von Le Puy zum Anführer des Kreuzzuges, und Urban zog in Richtung Norden nach Tours und Rouen weiter, um für das Unternehmen zu werben. Außerdem warben zahlreiche Wanderprediger – teils in päpstlichem Auftrag, teils auf eigene Faust – für die „Wallfahrt in Waffen". Die Verrechnung als Buße für die bereits gebeichteten und bereuten Sünden wurde dabei zu einem vollkommenen Ablass aller bisherigen und künftigen Sünden uminterpretiert und die Bedingung „allein aus Frömmigkeit" oft unterschlagen. Im Gegenteil: Viele Prediger warben mit der Aussicht auf Ehre, reiche Beute und neue Lebensperspektiven im Orient, dessen Reichtum und fruchtbaren Boden sie in den höchsten Tönen priesen.

Die Saat geht auf

Vor allem Frankreich wurde über den Winter vom Kreuzzugsfieber erfasst. „Mitmachen" wurde zur Prestigesache. Der Funke sprang aber gerade bei einer Bevölkerungsgruppe über, an der weder dem Papst noch Kaiser Alexios gelegen war: den **Armen**. Die Aussicht auf die Vergebung aller Sünden und die Chance auf das große Abenteuer erfasste vor allem die, die nichts zu verlieren hatten: Leibeigene, Ausgestoßene und auch Kriminelle. Sternschnuppen, Polarlichter und eine Mondfinsternis wurden als Omen gedeutet. Manche Historiker glauben auch, dass ein Ausbruch des Antoniusfeuers in Clermont kurze Zeit vorher zum Kreuzzugsfieber beigetragen hatte – eine Massenvergiftung mit dem Mutterkorn-Pilz, die auch zu Wahnvorstellungen führt.

In anderen Ländern, vor allem jenen, die sich zum Gegenpapst

Max Henze, Kreuzfahrer vor Jerusalem

15

Der Kreuzzugschronist **Guibert von Nogent** (1053–1124), ein Benediktinermönch, ist einer derjenigen, die den angeblichen Wundern, die sich plötzlich häuften, mehr als skeptisch gegenüberstehen: „Ich nehme Gott zum Zeugen, dass ich, als ich zu dieser Zeit in Beauvais wohnte, einmal mitten am Tage Wolken sah, die ein wenig schief hintereinander angeordnet waren, so, dass man höchstens sagen konnte, sie hätten die Form eines Kranichs oder Storches, als sich plötzlich von allen Seiten Tausende von Stimmen erhoben, die verkündeten, am Himmel sei ein Kreuz erschienen." Sogar von Betrug berichtet Guibert: „Dieser zapfte sich etwas Blut ab, zeichnete damit auf seinen Körper ein Kreuz und zeigte es dann vor aller Augen. Jener führte einen Fleck, den er am Augapfel trug, als göttliches Orakel vor." Auch während der Kreuzzüge wurde jede kleine Seltsamkeit als Wunder oder Omen gedeutet. Besonders in verzweifelten Situationen konnte die Deutung eines angeblich göttlichen Zeichens zu völlig irrationalen Massenreaktionen führen.

Clemens III. bekannten, war der Enthusiasmus längst nicht so groß, aber auch hier gab es Menschen, die „das Kreuz" nahmen. Urban hatte es mit seinem Kreuzzugsaufruf zwar nicht geschafft, sich an die Spitze einer geeinten abendländischen Christenheit zu stellen, aber er hatte seine Position bedeutend gestärkt.

Der Volkskreuzzug

Während die Gesandten Urbans beschäftigt waren, ein Heer aufzustellen und das ganze Unternehmen vernünftig zu organisieren, brach sich der Fanatismus des Volks im Frühjahr 1096 seinen Bann. Geführt von Wanderpredigern marschierten im April Zehntausende von Kreuzfahrern einfach los. Es waren auch vereinzelt ungeduldige Kleinadlige und Ritter dabei, aber vor allem einfache Menschen, teilweise ganze Familien mit all ihren Kindern bis hin zum kleinsten. Der Chronist Guibert berichtet, die Armen seien mit ihrer winzigen Habe und ihren kleinen Kindern auf Karren aufgebrochen, und bei jeder Stadt oder Burg die Frage der Kleinen, ob dies nun Jerusalem sei. Die zwei größten Heere bildeten sich in Gegenden, in denen kurz zuvor Hungersnöte geherrscht hatten: in Südfrankreich und in Flandern, Lothringen und dem Rheinland. Diese unorganisierten, kaum ausgerüsteten Volksmassen wälzten sich nun gen Osten.

Plünderungen und Pogrome

Am Karsamstag, den 12. April 1096, traf die erste Kreuzfahrerschar, geführt von **Peter dem Einsiedler** (um 1050–1115), in Köln ein. Peter setzte im Rheinland seine Werbetätigkeit für den Kreuzzug fort. Während seine Schar sich stetig vergrößerte, brach eine Gruppe Franzosen, geführt von dem Kleinadligen **Walter, genannt Sans-Avoir** (Habenichts), schon am Dienstag nach Ostern wieder auf. Peter folgte knapp eine Woche später mit schätzungsweise 20.000 Anhängern.

Die Verpflegung wurde von den Gemeinden, durch die das „Heer" zog, mit Verweis auf die „göttliche Mission" eingefordert. Gaben die vor Ort Bleibenden nicht freiwillig, so griffen die Kreuzfahrer im Bewusstsein ihrer „gerechten" Sache oft auch zu Gewalt. Die **jüdischen Gemeinden im Rheinland** waren schon im Winter von ihren nordfranzösischen Glaubensbrüdern gewarnt worden, dass viele Kreuzfahrer ihren Kampf gegen „Ungläubige" gleich an Ort und Stelle beginnen würden, wenn ihre Forderungen nicht erfüllt würden. Also statte-

! Peter der Einsiedler

Unter den Führern des Volkskreuzzuges ragt der Mönch Peter hervor. Er stammte aus der Gegend von Amiens, lebte zeitweise als Eremit und war wohl bereits einmal nach Jerusalem gepilgert, dabei aber von den Seldschuken misshandelt worden. Nach der Synode von Clermont betätigte er sich in Nordfrankreich, Flandern und Lothringen als Kreuzzugsprediger. Die Chronisten schreiben, er sei klein gewesen, habe mit seinem hageren Gesicht seinem Esel geglichen und einfache, schmutzige Kleidung getragen. Doch über die Volksmassen habe er mit „wunderbarer Autorität" regiert. Seine Anhänger sollen ihn als Heiligen verehrt und seinem Esel die Schwanzhaare ausgerissen haben, um „Reliquien" von ihrem Idol zu besitzen.

Peter mit seiner Gruppe auf dem Weg nach Jerusalem

Peter der Einsiedler vor dem Heiligen Grab

ten die rheinländischen Juden Peter mit Lebensmitteln aus und gaben ihm auch Briefe an die jüdischen Gemeinden im Osten mit. Gleichzeitig aber schickte der Oberrabbiner des Rheinlandes einen Boten zu Kaiser Heinrich IV., der gerade in Italien weilte. Dieser befahl allen weltlichen und geistlichen Fürsten, die Juden zu schützen. Die meisten von ihnen kamen dem auch nach – allerdings meist gegen kräftige Zahlungen und nur so lange, bis sie selbst um ihr Leben fürchten mussten.

Ende April brach eine weitere Gruppe unter Führung des Priesters Volkmar auf, die über Magdeburg und Prag Richtung Ungarn zog. In beiden Städten kam es zu Übergriffen gegen die Juden. Ebenso in der Gruppe des Priesters Gottschalk, die von Köln aus

den Rhein aufwärts und dann die Donau entlangzog.

Am schlimmsten wütete jedoch ein Haufen, der von dem Grafen **Emicho von Leinigen**, dem Vizegrafen Wilhelm „der Zimmermann" von Melun, Drogo aus Nesle, Hartmann von Dillingen und dem Herrn von Salm angeführt wurde. Emicho soll behauptet haben, Jesus habe ihm die Kaiserkrone versprochen und ihn aufgefordert, die europäischen Juden entweder zu töten oder zur Taufe zu zwingen. Unter seinen Anhängern machte das Gerücht die Runde, man erhalte durch die Ermordung eines Juden einen Ablass seiner Sünden.

Am 10. April – dem Tag des jüdischen Pessachfestes – hatten sie

? Schon gewusst?

In Frankreich und Spanien hatte es bereits früher Pogrome gegeben, etwa, als nach der Zerstörung der Grabeskirche durch al-Hakim das Gerücht aufkam, er sei von Juden aus Orléans dazu angestiftet worden. All diese **Pogrome** waren damals noch von der Kirche verurteilt worden, da die führenden Kirchenlehrer davon ausgingen, dass Gott die Juden am Jüngsten Tag höchstpersönlich bekehren werde. Von Urban II. jedoch ist keine Äußerung zu den Pogromen von 1096 bekannt.

Der Petersdom in Worms

sich noch damit begnügt, den Trierer Juden Geld und Lebensmittel zu rauben und abzupressen. Am 3. Mai griff Emichos Haufen Speyer an. Obwohl Bischof Jordan I. versuchte, die Juden zu schützen, gab es zwölf Tote. Am 18. Mai erschienen die Kreuzfahrer vor **Worms**. Viele Juden konnten unter den Schutz des Bischofs in die Kathedrale flüchten. Die anderen wurden teils umgebracht, teils zur Zwangstaufe genötigt. Das jüdische Viertel wurde geplündert. Nach einigen Tagen brach der Mob dann in den Bischofsbezirk ein und ermordete die dorthin geflohenen Juden. Insgesamt kamen 500 bis 800 Menschen um.

Am 25. Mai kamen die mordenden Horden nach **Mainz**. Erzbischof Ruthard ließ die Stadt verbarrikadieren und die Juden in den Palast bringen, doch Fanatiker innerhalb der Mauern öffneten dem Kreuzfahrerheer die Tore. Teile der Bürgerschaft beteiligten sich daraufhin an dem Pogrom, andere versuchten, sich den Kreuzfahrern entgegenzustellen, mussten aber bald feststellen, dass sie sich damit selbst in Lebensgefahr begaben. Nach zwei Tagen wurde der nur leicht befestigte Bischofspalast gestürmt. Die Palastwachen und der Bischof flohen schnell, obwohl sie der jüdischen Gemeinde, die dafür 300 Silbertaler bezahlt hatte, versichert hatten, sie würden sie bis zum letzten Blutstropfen verteidigen. Während sich die jüdischen Männer den Angreifern entgegenstellten, töteten viele Frauen sich und ihre Kinder aus Angst vor der Zwangstaufe selbst. Insgesamt kamen in Mainz rund 1000 Menschen um, nahezu die gesamte jüdische Gemeinde. Die Juden gedenken dieser Vorfälle noch heute in ihrer Liturgie unter dem Namen **Gezerot Tatnu** (Verfolgung des Jahres 4856 jüdischer Zeitrechnung).

Vermutlich zog Emicho mit den größten Teilen seines Haufens danach über Main und Donau weiter. Doch ein anderer Teil hatte zu viel Spaß am Plündern gefunden. Einige zogen nach Trier, wo es dank des Einschreitens von Bischof Egilbert nur wenige Opfer gab, dann nach Metz, wo 22 Menschen umkamen. Andere marschierten zurück nach Köln. Doch dort hatten sich die Juden bereits in die Häuser christlicher Freunde oder auf die Güter des Erzbischofs geflüchtet. Der blutlüsterne Mob zog weiter an den Niederrhein, wo es im Juni auch in Neuss, Wevelinghoven, Düsseldorf und Xanten zu Pogromen kam. Danach zerstreute sich dieser Teil der Kreuzfahrer.

Ende in Ungarn, Kämpfe in Belgrad

Unterdessen hatte der Haufen von Walter Sans-Avoir ohne große Zwischenfälle Ungarn durchquert. Doch schon beim Durchzug Peters kam es zu Raub und Vergewaltigungen durch die Kreuzfahrer, und als im Juli der Zug der Priester Gottschalk und Volkmar auftauchte, der sich nach Aussagen von Chronisten wie ein Haufen Tollwütiger gebärdete, begannen die Ungarn, sich zu wehren und die Kreuzfahrer langsam auf-

Gustav Doré, Das erste Kreuzfahrerheer in Ungarn

zureiben. Als dann auch noch Emichos Gruppe auftauchte, verwehrte **König Koloman** (um 1070–1116) ihr den Durchzug durch sein Land.

Als sich die Kreuzfahrer jedoch nicht fügten, kam es zu Kämpfen, bei denen die Kreuzfahrer vollständig niedergemacht wurden oder flohen. Emicho selbst kehrte daraufhin nach Hause zurück. Über sein weiteres Schicksal ist nichts bekannt. Einer Sage nach irrt sein Geist, in eine glühende Rüstung gekleidet, in der Gegend von Worms umher und bettelt Reisende an, für seine Seele zu beten. Andere Führer dieser Gruppe wie Wilhelm von Melun schlossen sich später dem regulären Kreuzfahrerheer an.

Walter Sans-Avoir und seine Leute gerieten nun bei Belgrad in Schwierigkeiten, als sie byzantinischen Boden betreten wollten. Der Kommandeur von Belgrad verweigerte den Kreuzfahrern den Zutritt zur Stadt, worauf diese begannen, die Umgebung zu plündern, um sich Lebensmittel zu beschaffen. Es kam zu einigen Gefechten. Schließlich erlaubte man dem Haufen, nach Niš weiterzuziehen. Dort gab es Lebensmittel und die Anweisung, auf Order aus Konstantinopel zu warten. Ende Juli wurde die Gruppe schließlich in die Hauptstadt des Oströmischen Reiches eskortiert.

Unterdessen kam auch Peter mit seiner viel größeren Gruppe in die ungarische Grenzstadt Semlin, heute ein Vorort von Belgrad. Dort entdeckten die Kreuzfahrer Waffen und Rüstungen, die man einigen von Walters Leuten bei einem Scharmützel abgenommen hatte. Es kam zu einem Tumult, bei dem etwa 4000 Ungarn den Tod fanden. Die Kreuzfahrer überquerten die Save, wo sie Belgrad, dessen Bewohner größtenteils in Panik geflohen waren, plünderten und niederbrannten.

> **! Aus der Chronik Guiberts über die Kreuzfahrer in Ungarn:**
>
> „Getrieben von abscheulicher Wut setzten sie die öffentlichen Getreidespeicher in Brand, entführten junge Mädchen und vergewaltigten sie, schändeten die Ehen, indem sie den Männern die Frauen raubten und rissen ihren Wirten den Bart aus oder versengten ihn. Jeder lebte, soweit er konnte, von Mord und Plünderung und alle brüsteten sich mit unvorstellbarer Frechheit, sie würden bei den Türken Gleiches tun."

Ende in Anatolien

Am 3. Juli kamen auch Peters Truppen nach Niš. Der Stadtkommandant versprach ihnen Lebensmittel und eine Eskorte für den

Fall, dass sie sofort weiterzögen. Doch es kam zu einem Streit, eine Mühle brannte ab und der Kommandant schickte seine Truppen aus, die etwa 5000 Menschen töteten. Die Übrigen gruppierten sich neu und zogen nach Sofia, das sie am 12. Juli erreichten. Dort wurden auch sie von einer byzantinischen Eskorte erwartet, die sie nach Konstantinopel brachte. Kaiser Alexios war ebenfalls nur daran gelegen, die „Soldaten" aus dem Westen möglichst schnell loszuwerden. Er ließ sie über den Bosporus setzen, gab Peter aber den Rat mit, auf die regulären Kreuzfahrer zu warten, da seine Truppen den Türken nicht gewachsen seien. In Anatolien fand sich nun ein Riesenheer vereinigt: die Truppen von Peter, Walter und zudem noch einige Horden aus Italien. Sie griffen Städte an, plünderten sie und bewegten sich so in Richtung der türkischen Festung **Nicäa** (Iznik), deren Vororte sie ebenfalls plünderten. Die Einwohner wurden wahllos ermordet. Dass die meisten der türkischen Untertanen in dieser Gegend noch immer griechische Christen waren, störte die Kreuzfahrer dabei nicht. Nachdem vor allem die Franzosen in den Vororten von Nicäa reiche Beute gemacht hatten, eroberte eine Gruppe von 6000 Deutschen die Stadt Xerigordon und machte sie zu ihrer Basis für Raubzüge.

Die Türken schickten jedoch eine Armee, die die Wasserversorgung der Stadt kappte und die Besatzer schließlich zum Aufgeben brachte. Die Kreuzfahrer wurden entweder getötet oder – wenn sie ihrem Glauben abschworen und Muslime wurden – „nur" in die Sklaverei verkauft. Laut Chronisten waren nicht wenige dazu bereit, um ihr Leben zu retten.

Danach streuten türkische Späher das Gerücht aus, die Deutschen hätten Nicäa eingenommen. Die Angst, beim Verteilen der Beute zu kurz zu kommen, ließ den Rest der Kreuzfahrer blindlings dorthin aufbrechen. Dabei gerieten sie am

Massaker von Peters Truppen in Anatolien

22

Ein anonymer Chronist schreibt über die Situation in Xerigordon: „Die Unserigen litten dermaßen an Durst, dass sie ihren Pferden und Eseln die Adern öffneten, um das Blut zu trinken. Andere warfen Lappen in die Latrinen und drückten sich die Flüssigkeit in ihren Mund. Einige urinierten in die Hand eines Gefährten und tranken dann." Er erzählt ferner, dass Bischöfe und Priester den Menschen Mut zusprachen, was beweist, dass sich auch Kleriker unter den raubenden und mordenden Haufen befanden.

21. Oktober in einen türkischen Hinterhalt. Fast alle Kreuzfahrer wurden getötet, ihre Kinder in die Sklaverei verkauft. Nur eine Truppe von 3000 Mann um den Franzosen Gottfried Burel, der den Angriff auf Nicäa angeordnet hatte, konnte sich verschanzen und wurde schließlich von byzantinischen Truppen gerettet. Insgesamt schätzen Historiker, dass rund 100.000 Menschen am Kreuzzug der Armen teilnahmen. Wie viele davon starben, wie viele in der Sklaverei landeten, weiß man nicht. Ein Teil hatte sich auch bereits nach den Massakern im Rheinland oder bei den Schwierigkeiten in Ungarn abgesetzt und

sich vermutlich wieder nach Hause durchgeschlagen oder versucht, sich eine neue Existenz aufzubauen. Auch Peter der Einsiedler, der sich während des Sturms auf Nicäa in Konstantinopel aufgehalten hatte, um Verpflegung zu organisieren, überlebte und schloss sich später dem Kreuzzug der Ritter an, wo seine Autorität allerdings gering war. Er kehrte jedoch wohlbehalten wieder nach Europa zurück und gründete bei Lüttich ein Kloster, wo er 1115 starb.

Der Kreuzzug der Ritter

Während sich die Tragödie des Volkskreuzzuges ereignete, war das Ritterheer noch nicht einmal aufgebrochen. Erst im Laufe des Jahres 1096 machten sich die einzelnen Gruppen auf den Weg nach Osten. Auch hier war es weniger der hohe Adel, der sich entschlossen hatte, das Kreuz zu nehmen, sondern viele jüngere Söhne aus kleinen und mittleren Adelsfamilien, die wenig zu erwarten hatten und sich von den Kreuzzügen Beute und Aufstiegschancen erhofften. Das Gros der Teilnehmer kam aus Frankreich, Flandern, Lothringen und Süditalien. Vermutlich brachen ungefähr 50.000 bis 60.000 Menschen auf, davon 7000 Ritter und adlige Herren.

Schon gewusst?

Im Hochmittelalter kam die Legende auf, auch **Karl der Große** habe schon einen Kreuzzug unternommen. Daran ist jedoch nichts Wahres. Karl unterhielt zwar diplomatische Beziehungen mit Harun al-Raschid, dem Kalifen von Bagdad, war aber deswegen nie im Orient. Ebenfalls in der Kreuzzugszeit wurde das Rolandslied geschrieben, das aus dem bretonischen Markgrafen Roland einen Neffen Karls des Großen machte, der im Kampf gegen die Mauren in Spanien fiel. In Wahrheit waren es Basken, die den historischen Roland töteten.

Die Anführer

Angeführt wurden die Kreuzfahrer von einer Gruppe höherrangiger Adliger. Der erste bedeutende Fürst, der nach der Synode von Clermont seine Teilnahme zugesagt hatte, war **Raimund IV. von Toulouse** (um 1041–1105). Er war der älteste und reichste der Anführer und machte sich im Oktober 1096 mit einem Heer, das vor allem aus Südfranzosen bestand, auf den Weg. In seiner Begleitung befand sich auch seine dritte Frau Elvira, eine uneheliche Tochter des Königs von Kastilien. Sie brachte während des Kreuzzuges im Jahr 1103 einen Sohn auf die Welt, der den Namen Alfons

Jordan erhielt, weil er bei Tripolis im Jordan getauft worden war. Die byzantinische Kaiserstochter Anna Komnena (um 1083–1154) stufte Raimund von Toulouse als den intelligentesten und edelsten der „Lateiner" ein, der alle anderen überstrahle.

Raimund IV. von Toulouse

Weniger bedeutend, aber bekannter ist **Gottfried von Bouillon** (um 1060–1100), der Herzog von Niederlothringen. Die Chronisten schildern ihn als relativ großen und extrem kräftig gebauten Mann mit mittelblondem Haar und Bart. In der älteren Literatur wird er oft als tapferer Ritter ohne

Fehl und Tadel dargestellt, was auch daran liegt, dass einige Kreuzzugschronisten wie der Kleriker Albert von Aachen zu seinen Parteigängern gehörten. Neuere historische Darstellungen betonen auch die Schattenseiten an Gottfrieds Charakter. So kam zum Beispiel im Vorfeld des Kreuzzuges das Gerücht auf, Gottfried habe verkündet, er wolle auf seinem Weg in das Heilige Land die Juden vernichten. Dies dürfte nicht unwesentlich zu den Pogromen des Volksheeres beigetragen haben. Ob der Herzog so etwas tatsächlich gesagt hatte, weiß man nicht. Er hatte jedenfalls keine Skrupel, von den rheinischen Gemeinden 1000 Silbermark „Schutzgeld" zu kassieren. Mit Sicherheit aber war Gottfried tatsächlich sehr fromm – sogar seine Hofgeistlichen sollen sich beklagt haben, dass über den langen Tischgebeten das Essen kalt wurde – und es ging ihm im Gegensatz zu anderen Anführern in erster Linie wirklich um die Eroberung Jerusalems und nicht um persönliche Bereicherung. Um am Kreuzzug teilzunehmen, verkaufte er seinen ganzen Besitz. Da er als Herzog eine relativ hohe Stellung hatte, rätseln die Historiker darüber, ob er nur aus Frömmigkeit alle Brücken hinter sich abbrach. Manche vermuten auch, es könne daran gelegen haben, dass Gottfried dem Loyalitätskonflikt zwischen seinem Lehnsherrn, Kai-

Gottfried von Bouillon

ser Heinrich IV., und den Päpsten entkommen wollte.

Gottfried wurde von seinem Bruder **Balduin von Boulogne** (1058–1118) und dessen Frau begleitet. Balduin war früher Kleriker gewesen, dann aber aus dem geistlichen Stand ausgeschieden. Nun war er ein jüngerer Sohn ohne große Perspektiven auf eine weltliche Karriere. Auch er verkaufte sein ganzes Vermögen und brach ganz offensichtlich mit dem Ziel auf, nie wieder zurückzukommen. Die Biografen beschreiben ihn als sehr großen Mann mit dunkelbraunem Bart, Adlernase und gewandtem Auftreten. Die beiden Brüder waren vermutlich mit einem etwa 20.000 Mann starken Heer unterwegs.

Bohemund von Tarent (um 1051–1111) war der älteste Sohn von Robert Guiskard (um 1015–85), dem normannischen Eroberer von Apulien und Kalabrien. Er war nach dem Tod des Vaters aber nur mit Tarent abgefunden worden, während sein jüngerer Bruder Roger Apulien erhalten hatte. Er war der erfahrenste und beste Kriegsführer der Kreuzfahrer. An der Seite seines Vaters hatte er schon mehrere Kriege ausgefochten, vor allem gegen das byzantinische Reich, das Unteritalien zurückgewinnen wollte. Anna Komnena bezeichnet ihn als den tapfersten der Lateiner, aber auch den „obersten der Störenfriede", einen geborenen Lügner und Rohling, dem es beim Kreuzzug nur um persönliche Bereicherung gehe. Begleitet wurde er von seinem Neffen **Tankred von Tarent** (1072–1112).

Graf **Hugo von Vermandois** (1057– 1101) war ein Bruder des französischen Königs, den Anna Komnena als eitel und aufgeblasen abtat. Er zog mit seinem Kontingent nach Italien und nahm dann von Bari aus ein Schiff nach Konstantinopel. Herzog **Robert**

❗ Schöner, schrecklicher Mann

Trotz ihrer abfälligen Einschätzung seines Charakters beeindruckte Bohemund von Tarent die damals 14-jährige Kaisertochter **Anna Komnena** mit seinem Aussehen: „Seine Statur war so groß, dass er die Größten um beinahe eine Elle überragte, schlank in Taille und Hüfte, mit breiten Schultern, gut entwickelter Brust und kräftigen Armen. Seine Haut war am ganzen Körper sehr weiß, aber in seinem Gesicht war die Weiße durch Röte gemäßigt. Sein Haar war blond, hing aber nicht bis auf die Hüften herab wie bei den anderen Barbaren. Ob sein Bart rötlich war, kann ich nicht sagen, da das Rasiermesser darübergefahren war und eine Oberfläche glatt wie Marmor hinterlassen hatte. Seine blauen Augen deuteten sowohl Mut als auch Würde an. Ein gewisser Zauber umgab diesen Mann, wurde aber teilweise getrübt durch einen allgemeinen Eindruck des Schrecklichen. Denn der ganze Mann, die ganze Person war hart und wild, in seinem Wuchs wie in seinem Blick, und selbst sein Lachen ließ die Umgebung schaudern. Er war in Sinn und Körper so gemacht, dass Mut und Leidenschaft in ihm ihrem Höhepunkt entgegenstrebten und sich nach dem Krieg sehnten. Sein Witz war vielfältig und listig und in der Lage, aus jeder Notlage einen Ausweg zu finden. Im Gespräch war er gut unterrichtet, und die Antworten, die er gab, waren ganz unwiderlegbar."

von der Normandie (1054–1134) war ein Sohn von Wilhelm dem Eroberer, der mit seinem Bruder, dem englischen König Wilhelm II., in ständigem Zwist lag und zudem sein Herzogtum völlig heruntergewirtschaftet hatte. Er musste es an Wilhelm II. verpfänden, um am Kreuzzug teilnehmen zu können. Außerdem waren noch sein Schwager Graf **Stephan von Blois** (um 1045–1102), der Mann seiner Schwester Adela, und sein Cousin, Graf **Robert II. von Flandern** (um 1065–1111), mit von der Partie. Sowohl Robert von der Normandie als auch Stephan von Blois galten als eher unkriegerische Charaktere. Von Stephan sagte man sogar, er sei von seiner Frau Adela gezwungen worden, das Kreuz zu nehmen. Während der Reise schrieb er dann seiner „viellieben Gattin" regelmäßig Briefe, in denen er den Fortgang des Unternehmens schilderte.

Anrückendes Kreuzfahrerheer

Erste Erfolge in Kleinasien

Bis April 1097 waren alle Kreuzfahrerheere in **Konstantinopel** eingetroffen. Sie wurden von Alexios nicht gerade herzlich empfangen, vor allem seine alten Feinde, die Normannen aus Süditalien, nicht. Der Kaiser forderte von den Anführern des Kreuzzuges einen Vasalleneid. Das bedeutete, dass eventuelle Eroberungen unter byzantinischer Oberherrschaft stehen würden. Alexios begründete das damit, dass sowohl Anatolien als auch Syrien und Palästina einmal byzantinisch gewesen seien. Die Kreuzfahrer lehnten ab und es kam zu einigen bewaffneten Auseinandersetzungen. Schließlich schworen sie aber doch, da nur Alexios ihnen Vorräte und Schiffe verschaffen konnte, um den **Bosporus** zu überqueren. In Kleinasien stießen die Ritter auf die Gebeine der Tausenden von Toten des Volkskreuzzuges. Ab Mai belagerten sie dann selbst die türkische Hauptstadt Nicäa, da diese ein Tor nach Anatolien darstellte. Am 21. Mai konnten sie das Heer der Rumseldschuken unter Führung von Sultan **Kilidsch Arslan I.** (1079–1107) besiegen.

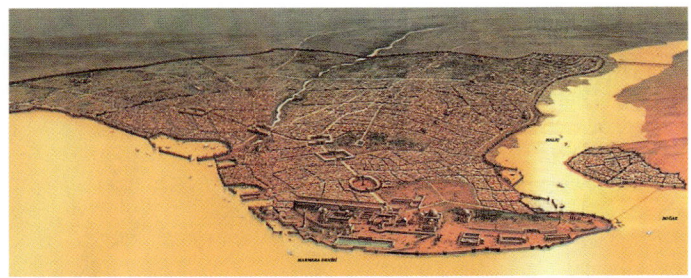

Konstantinopel zu spätbyzantinischer Zeit (Rekonstruktion)

Im Juni traf dann ein byzantinisches Heer vor **Nicäa** ein und erreichte durch Verhandlungen, dass sich die Bewohner am 19. Juni ergaben. Damit fiel die Stadt direkt an Byzanz, nicht an die Kreuzritter, denen so eine Plünderung verwehrt wurde. Im Kreuzfahrerheer warf man Alexios Treulosigkeit und Verrat vor. Erst recht, als er Frau und Kinder von Kilidsch Arslan ohne Lösegeld freigab, da er keinen Krieg mit den Rumseldschuken wollte. Obwohl es einem Großteil der Kreuzfahrer selbst um Macht und Beute ging, hatten sie keinerlei Verständnis dafür, dass auch Alexios seine eigenen, politischen Ziele verfolgte. Im Bewusstsein, dass sie einen „heiligen Krieg" führten, betrachteten sie jeden Verstoß gegen ihre eigenen Interessen als einen Angriff auf die „heilige Sache". Alexios Entgegenkommen gegen einen „Ungläubigen" wie Kilidsch Arslan zeugte ihrer Auffassung nach von tiefer moralischer Verworfenheit. Da half es auch wenig, dass der Kaiser den Kreuzfahrern als Ausgleich für die entgangene Beute von Nicäa Lebensmittelspenden zukommen ließ und die Anführer überaus reich beschenkte.

Verstimmt zog das Heer weiter und schlug am 1. Juli in der **Schlacht von Doryläum** Kilidsch Arslan I. erneut. Die Türken hatten das christliche Feldlager am Morgen eingeschlossen, jedoch nicht gemerkt, dass es sich nur um einen Teil des Heeres handelte. Den Eingeschlossenen gelang es, bis Mittag auszuharren, wobei es von Vorteil war, dass man Zugang zum Wasser hatte und die Frauen und andere Unbewaffnete die Erschöpften und Verwundeten versorgen konnten. Dann trafen die anderen Heeresteile ein und trieben die türkischen Angreifer in die Flucht. Die Kreuzfahrer erbeuteten bei diesem Sieg Kilidsch Arslans Kriegskasse und konnten nun, von Feinden relativ unbehelligt, ihren Weg fortsetzen. Doch der führte in der Julihitze über das zerklüftete anatolische Hochplateau. Dort waren aufgrund der vergangenen Auseinandersetzungen zwischen Byzanz und den türkischen Invasoren weite Teile verwüstet und menschenleer, sodass die Versorgung zum Problem wurde. Zudem hatte Kilidsch Arslan bei seinem Rückzug zusätzlich **Zisternen** entlang der alten byzantinischen Handelswege zuschütten lassen. „Hunger und Durst bedrängten uns überall", schreibt

---

! Das Sultanat der Rumseldschuken

Nach der Niederlage der Byzantiner bei Mantzikert hatte der seldschukische Prinz Süleyman (†1086) die Eroberungen in Anatolien auf eigene Faust weitergetrieben und ein eigenes Sultanat – das der **Rumseldschuken** (= römischen Seldschuken) gegründet. Dabei geriet er auch mit dem Sultan der **Großseldschuken** in Konflikt, dessen Zentrum noch immer das persische Isfahan war. Das Sultanat der Rumseldschuken bildete bis ins 14. Jahrhundert hinein eine Art Pufferstaat zwischen Byzanz und dem Großseldschukenreich. Dann übernahm ein neuer Clan, die **Osmanen**, die Macht im Rumseldschukenreich und eroberte nach und nach den Nahen Osten, Südosteuropa und Nordafrika.

---

ein anonymer Chronist, „und wir hatten fast nichts mehr zu essen außer den Dornensträuchern, die wir ausrissen und zwischen den Händen zerrieben." Die meisten Pferde seien verendet. Die Ritter mussten mitsamt ihrer Rüstung zu Fuß gehen und die Ziegen und Hunde das Gepäck tragen. Auch im Ritterheer gab es einen umfangreichen Tross aus Nichtkämpfern. Fulcher von Chartres erzählt von vielen **schwangeren Frauen**. „Die Eingeweide waren ihnen verdorrt und die Adern im Leib ausgetrocknet. Sie gebaren vor aller Augen auf dem freien Feld und ließen die Frucht ihres Leibes auf der Erde liegen." Im Herbst setzten dann mehrtägige Regenfälle ein, die das Fortkommen erschwerten und vor allem die Abstiege im **Taurusgebirge** lebensgefährlich machten. Ein anonymer Chronist berichtet, ein fallendes Saumtier habe das andere mitgerissen, und Fulcher erwähnt, dass der tagelange Regen viele, die keine Zelte hatten, um sich zu schützen, das Leben kostete. Auch Raimund von Toulouse wurde so krank, dass man ihm schon die Sterbesakramente reichte. Obwohl die hauptsächlich **armenische Bevölkerung** in dieser Gegend den Kreuzfahrern freundlich gegenüberstand, sollen weit mehr Menschen umgekommen sein als durch die kriegerischen Auseinandersetzungen mit den Türken.

Der erste Kreuzfahrer-staat

Bereits vor der Überquerung des Taurus hatten sich Balduin und Tankred von den anderen getrennt und waren in das süd-anatolische Kilikien weitergezogen. Tankred eroberte **Tarsus**, wurde jedoch von Balduin, der über die stärkeren Truppen verfügte, von dort vertrieben und schloss sich wieder dem Hauptheer an. Kurze Zeit später traf eine 300 Mann starke normannische Nachhut in Tarsus ein, die eigentlich gehofft hatte, auf Tankred zu treffen. Balduin verwehrte ihr den Einlass, worauf die Normannen vor der Stadt lagern mussten und dort von den Türken restlos vernichtet wurden. Dies führte in Tarsus zu gewaltiger Empörung.

Doch Balduin hatte Glück. Just in diesem Moment traf eine **Piratenflotte** ein, die sich im östlichen Mittelmeer aufgehalten hatte, um irgendwie vom Kreuz-

Balduin I. von Boulogne bei seiner Krönung

zug zu profitieren. Der Anführer stammte ebenfalls aus Boulogne und ließ sich gerne von Balduin in Dienst nehmen. Dieser konnte sich nun in Tarsus durchsetzen. Doch kurze Zeit später erreichte ihn ein Hilferuf von Theodoros (Thoros), dem Herrscher von **Edessa**.

Edessa gehörte nominell noch zum byzantinischen Reich, war aber de facto selbstständig. Sein Herrscher hatte jedoch zwei Probleme. Zum einen war er bei seinen meist armenischen Untertanen unbeliebt, zum anderen musste er sich gegen die Angriffe der Seldschuken wehren. Er adoptierte Balduin, fiel aber wenig später – am 9. März 1098 – einem Mordanschlag zum Opfer, über dessen Hintergründe man nichts weiß. Es ist aber durchaus möglich, dass sein neuer Adoptivsohn Balduin nachgeholfen hatte. Zumindest rührte er keinen Finger, um seinen „Vater" zu retten, machte sich nach dem Mord zum **Grafen von Edessa** und heiratete – seine erste Frau war bei der Durchquerung Anatoliens gestorben – die reiche armenische Fürstentochter Arda. Er regierte grausam und despotisch und war bei seinen Untertanen entsprechend unbeliebt.

Die Belagerung Antiochias

Die übrigen Kreuzfahrer erreichten im Oktober 1097 endlich die Stadt **Antiochia**. Die Stadt, die am Schnittpunkt mehrerer Handelsrouten lag und den Kreuzfahrern den Durchmarsch ins Heilige Land versperrte, war eine der

Balduins Einzug in Edessa

größten und reichsten des antiken Römischen Reiches gewesen. Auf der einen Seite grenzte sie an den Fluss Orontes, auf der anderen an einen Berghang. Die Befestigungsmauer der Stadt schloss jedoch einen großen Teil dieses Berges mit ein und verlief über die Kuppen, sodass es für ein Heer unmöglich war, die Stadt vollständig zu umzingeln und die gesamte Versorgung von außen zu unterbrechen. Außerdem hatte Antiochia laut Chroniken Mauern, die so breit waren, dass Wagen darauf fahren konnten, sowie rund 400 Wachtürme. Dieses Bollwerk mussten die erschöpften Kreuzfahrer nun nehmen. Am 21. Oktober begannen sie die Belagerung. Als dann aber der Winter hereinbrach, erhielten sie **keine Versorgung**

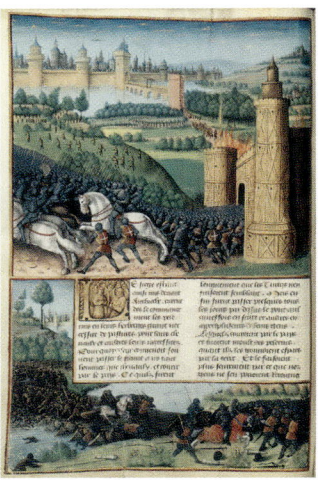

Die Belagerung Antiochias 1098

mehr über die See. Sie plünderten die Umgebung, konnten aber nur wenige Nahrungsmittel auftreiben. Bohemund und Robert von Flandern unternahmen immer umfangreichere Beutezüge, wurden dabei aber von Truppen des Emirs von Damaskus geschlagen. Während des sehr kalten und regnerischen Winters starb noch einmal ein Siebtel der verbliebenen Kreuzfahrer. Fast alle Pferde wurden gegessen und ebenso, wenn man den zeitgenössischen Quellen glauben darf, Hunde, Schuhsohlen und die Leichen getöteter Feinde.

Im März 1098 kamen dann wieder Schiffe mit Nahrungsmitteln. Allerdings mussten die Belagerer sich die zwanzig Kilometer zwischen Antiochia und dem Meer immer erst freikämpfen. Außerdem brachte der englische Prinz Edgar Edeling (um 1051–1125) im Auftrag von Kaiser Alexios Holz für den Bau von **Belagerungsmaschinen**. Unterdessen nahmen auch die ägyptischen **Fatimiden** Kontakt mit den Kreuzfahrern auf und schlugen ihnen ein gemeinsames Vorgehen gegen die Seldschuken vor. Die Fatimiden sollten anschließend Palästina bekommen, die Kreuzfahrer Syrien. Da dies jedoch einen Verzicht auf Jerusalem bedeutet hätte, lehnten die Kreuzfahrer ab. Im Mai bekamen sie Wind davon, dass ein großes türkisches Heer herannahte. Bohemund jedoch hatte bereits vor längerer Zeit Kontakt zu einem gewissen **Firuz**, einem zum Islam übergetretenen Armenier, in Antiochia aufnehmen können, der versprach, ihm über eine Lederleiter Zugang zur Stadt zu verschaffen. Doch erst, als sich das türkische Heer näherte und die anderen Kreuzfahrer das Unternehmen scheitern sahen, setzte Bohemund ihnen das Messer auf die Brust. Wenn es ihm gelinge, Antiochia zu nehmen, bevor das Heer da sei, so wolle er die Stadt für sich haben. Vor allem Raimund von Toulouse erinnerte ihn an den Eid, die Stadt Alexios zu unterstellen. Schließlich gaben die anderen Anführer aber doch nach. Als die Stadt eingenommen war, richteten die Kreuzfahrer ein **Blutbad** an, dem auch einige der Armenier, die ihnen bei der Einnahme geholfen hatten, zum Opfer fielen. Lediglich die Zitadelle der Stadt blieb in der Hand der Türken.

! Die Franken

In den islamischen Chroniken werden die Franken, wie die Moslems sämtliche Westeuropäer nannten, als unzivilisierte, brutale Wilde und notorisch wortbrüchig dargestellt. Tatsache ist, dass die Christen Verträge mit „Ungläubigen" nicht als bindend ansahen und ihnen gegenüber deshalb bedenkenlos ihre Zusagen brachen. Tatsache ist auch, dass sie während der Kreuzzüge meist aggressiver, grausamer und intoleranter agierten als ihre islamischen Gegner. Erst mit der Herrschaft der Mamelucken in der zweiten Hälfte des 13. Jahrhunderts änderte sich dies. Auch kulturell, z. B. was Hygiene betraf, waren die Europäer ihren Gegnern unterlegen. Positiv wird in den arabischen Chroniken dagegen ihre große Tapferkeit und Kampfeskraft erwähnt.

Allerdings wurden nun die Kreuzfahrer ihrerseits von der türkischen Armee in Antiochia eingeschlossen, wo es **kaum noch Lebensmittel** gab. Der Chronist

Albert von Aachen berichtet, die Menschen hätten steinhartes, fauliges Leder gekocht und – gewürzt mit Kümmel und Pfeffer – den Mist der Tiere gegessen, denn wirkliche Lebensmittel seien nur für die Reichsten erschwinglich gewesen.

Außerdem blühte in der eingeschlossenen Stadt der Aberglaube. Ein gewisser Peter Bartholomäus (†1099), manchen Quellen zufolge ein Bauer aus der Provence, nach anderen ein Mönch, behauptete, der Apostel Andreas sei ihm in Visionen erschienen und habe ihm verraten, dass die **Heilige Lanze**, mit der Jesus bei seinem Todeskampf in die Seite gestochen worden war, in Antiochia sei. Obwohl viele Anführer daran zweifelten, ließ Raimund von Toulouse

Adhemar von Le Puy mit der Heiligen Lanze in Antiochia

schließlich nach der Lanze graben und förderte tatsächlich eine Speerspitze zutage. Vermutlich war alles ein Trick, doch der Moral in der eingeschlossenen Stadt tat er gut.

Am 28. Juni unternahmen die Kreuzfahrer, angeführt von Bohemund – und der Lanze – einen **Ausfall**. Nach anfänglich schweren Verlusten gelang es ihnen, das türkische Heer, dessen Moral auch nicht mehr die beste war, in die Flucht zu schlagen. Im verlassenen Lager der Türken fand man reiche Beute, aber auch Bücher, die als Teufelszeug verbrannt wurden, und Frauen und Kinder, die man niedermachte. In Antiochia aber ergaben sich nun auch die Türken, die bislang die Zitadelle gehalten hatten. Der Sieg sorgte jedoch für **Streit unter den Anführern**, da Bohemund die Stadt nun für sich forderte. Es kam sogar immer wieder zu Scharmützeln zwischen den Truppen der einzelnen Anführer, um Stadtteile zu besetzen. Ende Juli brach dann eine **Seuche**, möglicherweise Typhus, aus, an der auch der geistliche Führer Adhemar von Le Puy starb, dem es bis dahin gelungen war, wenigstens in gewissem Maße zwischen den weltlichen Führern zu vermitteln. Den Herbst verbrachten die Truppen damit, in der Umgebung Nahrung zu erbeuten, was sich jedoch als schwierig erwies.

Im Dezember begannen Raimund, Robert von Flandern und Bohemund dann die kleinere Stadt **Maarat an-Numan**, die etwa 100 Kilometer südöstlich von Antiochia lag, zu belagern. Sie wurde am 12. Dezember gestürmt. Da es aber auch hier nur noch' wenige Lebensmittel gab, sollen die Kreuzfahrer nach den Berichten fränkischer – nicht muslimischer (!) – Chronisten übelsten Kannibalismus betrieben haben. „Die Unseren kochten die erwachsenen Heiden in Töpfen und steckten die Kinder auf Spieße, um sie gegrillt zu verschlingen", schreibt etwa Raoul de Caen. Andere Chronisten erzählen „nur" vom Verzehr von Leichen. Da aber zumindest die männlichen Einwohner alle erschlagen wurden, kam das aufs Gleiche heraus. Frauen und Kinder sollen teilweise in die Sklaverei verkauft worden sein.

Nach Jerusalem

Doch nicht nur die Versorgungslage und die daraus resultierenden Grausamkeiten waren im Winter 98/99 ein Problem, sondern bei vielen Teilnehmern machte sich auch die Angst breit, dass es ihren Führern inzwischen mehr darum ging, sich eine persönliche Machtbasis zu sichern, als wirklich nach Jerusalem zu ziehen. Damit aber wäre das **Kreuzfahrergelübde** gebrochen und nach Auffassung vieler Menschen das eigene Seelenheil gefährdet worden. Diese Unruhe im Heer trug wohl dazu bei, dass sich die anderen Anführer entschlossen, Bohemund Antiochia zu überlassen und am 13. Januar 1099 gen Jerusalem aufzubrechen. Man schätzt, dass das Heer damals noch aus etwa 14.000 kampffähigen Männern, darunter 1500 Ritter, bestand. Die meisten Städte, an denen sie vorüberkamen, versorgten die Eindringlinge mit Nahrungsmitteln, in der Hoffnung, das Heer zöge dann schnell weiter. Möglicherweise sahen auch einige der **sunnitischen** syrischen Regionalfürsten in den Kreuzfahrern willkom-

? Schon gewusst?

Auch heute noch knüpfen radikale Islamisten, darunter die Terrororganisation **al-Qaida**, rhetorisch an Massaker wie Antiochia oder Maarat an-Numan an und rufen zum „Kampf gegen die Kreuzritter" auf. Doch trotz aller Brutalität spielten diese Massaker in der islamischen Geschichtsschreibung lange Zeit keine große Rolle. Erst im 19. Jahrhundert, als die Araber Opfer der imperialistischen Politik der Westmächte, vor allem Englands und Frankreichs, wurden, wurden auch die mittelalterlichen Untaten der Europäer „wiederentdeckt".

⚠ Tod im Feuer

Peter Bartholomäus, der in Antiochia angeblich die Heilige Lanze gefunden hatte, betätigte sich weiter als Visionär. Doch bei vielen Kreuzfahrern machte er sich unbeliebt, da seine Visionen auffällig den Kurs seines Dienstherrn Raimund von Toulouse unterstützten. Bei der Belagerung von Arqa wurde der Unmut so groß, dass Peter eine Feuerprobe anbot. Mit der Heiligen Lanze schritt er zwischen zwei Holzstößen hindurch. Er starb wenige Tage später an seinen Verletzungen, was ihn nach damaliger Auffassung als Scharlatan entlarvte, während eine baldige Genesung als göttliche Bestätigung seiner Visionen gegolten hätte.

mene Bundesgenossen gegen die schiitischen Fatimiden. Während der langwierigen Anreise der Kreuzfahrer hatten sich die **Machtverhältnisse** im Heiligen Land nämlich wieder geändert. Statt der türkischen sunnitischen Seldschuken hatten dort wieder die Fatimiden die Oberhand. Für die Juden und orientalischen Christen war dieser Wechsel relativ belanglos, nicht jedoch für viele der lokalen Fürsten. Im Februar begann Raimund von Toulouse dann, die **Festung Arqa** bei Tripolis zu belagern – wohl in der Hoffnung, sich hier eine eigene Machtbasis schaffen zu können. Als sich die Belagerung aber hinzog, wurde die Ungeduld der Übrigen so groß, dass Raimund die Aktion am 13. Mai abbrach. Allerdings brachten die Kreuzfahrer einige weniger gut befestigte Hafenstädte, darunter Jaffa, unter ihre Kontrolle. Tankred von Tarent trennte sich wieder von den übrigen und eroberte **Bethlehem**.

Am Ziel

Anfang Juni 1099 erreichten die Kreuzfahrer Jerusalem. Aber die Stadt war gerüstet. Rund um Jerusalem waren alle Brunnen zugeschüttet und alle Bäume gefällt, sodass die Angreifer kein Belagerungsgerät bauen konnten. Die Kreuzfahrer versuchten am 13. Juni 1099 einen Angriff, auch ohne Gerät, der jedoch scheiterte. Die Lage war nun prekär. Ein großer Teil der Soldaten war durch den ständigen Wasser- und Nahrungsmangel, Krankheiten, die große Hitze und die aussichtslos erscheinende militärische Situation **demoralisiert**. Viele desertierten und versuchten, sich auf eigene Faust wieder nach Europa durchzuschlagen.

Unterdessen gelang es den Anführern jedoch, **Holz** aus dem 80 Kilometer entfernten Samaria heranzuschaffen und Belagerungstürme, Katapulte und Rammen zu bauen. Außerdem hielt man die

Moral mit religiösen Ritualen aufrecht. Auf die angebliche Vision eines Priesters hin **fasteten** die Kreuzfahrer drei Tage und umrundeten die Stadt dann barfuß. Am 15. Juli 1099 wurde Jerusalem eingenommen. Dabei töteten die Kreuzfahrer im **Blutrausch** alle Bewohner der Stadt: Moslems, Juden und auch Christen. In der anonymen Chronik *Gesta Francorum et alienorum hierosolimitanorum* (Taten der fränkischen und anderer Jerusalemfahrer) heißt es beispielsweise, das Gemetzel in der Al-Aqsa-Moschee sei so groß

Gemetzel in Jerusalem 1099

gewesen, dass „unsere Männer in Blut bis zu ihren Knöcheln wateten". Überall seien abgetrennte Gliedmaßen herumgelegen, Babys aus den Wiegen gerissen und zerschmettert und Juden in ihren Synagogen bei lebendigem Leibe verbrannt worden. Die Kreuzritter brachen systematisch ein Privathaus nach dem anderen auf, töteten die Bewohner und hängten dann ihren Schild über die Tür. Damit – so war vor dem Sturm auf die Stadt vereinbart worden – gehörte die Beute darin ihnen. Das Fußvolk schlitzte Menschen auf, um in ihren Eingeweiden nach verschluckten Wertgegenständen zu wühlen. Doch es wurde nicht nur im ersten Blutrausch gemordet. Nach den Aufzeichnungen des Albert von Aachen wurde drei Tage nach dem Sturm noch einmal beschlossen, alle übrig gebliebenen Heiden bis hin zum Säugling zu töten.

Die Stadt soll noch Weihnachten so voller Verwesungsgeruch gewesen sein, dass die Sieger sich ständig Mund und Nase verhüllen mussten. Doch unmittelbar nach dem Morden, so ein anonymer Chronist, „gingen die Unserigen glücklich und vor Freude weinend hin, um das Grab unseres Erlösers zu verehren und entledigten sich ihm gegenüber ihrer Dankesschuld." Die **Grabeskirche** übrigens war, wie die meisten anderen Kirchen im Heiligen Land auch und entgegen der Kreuzzugspropaganda, weder zerstört noch entweiht.

Am 12. August konnten die Kreuzfahrer ein Heer der Fatimiden bei Askalon schlagen und sich die Herrschaft über Jerusalem endgültig sichern. Die meisten Kreuzfahrer kehrten daraufhin nach Hause zurück. Die gefallenen Christen wurden als Märtyrer geehrt. Raimund von Toulouse aber begann, **Tripolis** (Tripoli) im heutigen Libanon zu erobern, obwohl dessen muslimischer Fürst die Kreuzfahrer zuvor gegen die Fatimiden unterstützt hatte. Als er 1104 starb, führten erst sein Vetter Wilhelm von Cerdanya und dann sein Sohn Bertrand die Eroberung weiter, bis sie 1109 schließlich die Grafschaft Tripolis als vierten Kreuzfahrerstaat errichten konnten.

? Schon gewusst?

Jerusalem ist auch für die Moslems eine heilige Stadt, da der Prophet Mohammed von der Stelle, wo heute der Felsendom steht, während einer nächtlichen Traumreise in den Himmel aufgefahren sein soll. Doch die Verehrung Jerusalems war im 11. Jahrhundert noch nicht sehr ausgeprägt. Erst unter Sultan Nur ad-Din im 12. Jahrhundert wurde ein Kult gefördert, der die Stadt zur drittheiligsten des Islam nach Mekka und Medina machte. Der Sinn dieser Verehrung war es, eine geschlossene muslimische Front gegen die Kreuzfahrer herzustellen.

! Jerusalem, frohlocke!

„Von Blut viel Ströme fließen", dichteten anonyme Kreuzfahrer anlässlich der Eroberung von Jerusalem, „indem wir ohn' Verdrießen das Volk des Irrtums spießen – Jerusalem, frohlocke!" Es folgen weitere ähnlich blutrünstige Strophen. Die Tatsache, dass solche Lieder gedichtet und überliefert wurden, zeigt, dass auch nach dem Massaker – das nach den vorherigen Strapazen sicherlich in einer emotionalen Ausnahmesituation begangen worden war – keine allgemeine Reue und Beschämung folgten.

Die Etablierung der Kreuzfahrerstaaten

Gottfried von Bouillon, der sich – wenn man der Chronik Alberts von Aachen glauben darf – zwar an der Eroberung Jerusalems, nicht aber am Massaker beteiligt hatte, wurde Regent von Jerusalem und nahm den Titel „advocatus sancti sepulchri" (**Beschützer des Heiligen Grabes**) an, da er es für unpassend hielt, sich in einer Stadt, wo Christus die Dornenkrone getragen habe, einen Herrschertitel zuzulegen. Wie es kam, dass gerade er gewählt wurde, ist nicht ganz klar. Vermutlich wollten die meisten Kreuzfahrer weder Raimund von Toulouse noch Bohemund in dieser Position, die zwar die herausragenden Persönlichkeiten des Kreuzzuges gewesen waren, sich aber erbitterte Kämpfe um die Macht geliefert hatten. Von den weniger bedeutenden Anführern aber war Gottfried der frömmste. Als er schon ein Jahr später starb, gelang es seinem Bruder Balduin von Boulogne, sich zum Nachfolger zu machen, obwohl er nichts zur Eroberung der Stadt beigetragen, sondern noch mehr als die ande-

Gottfried von Bouillon

ren Anführer nur für seine eigenen Belange gekämpft hatte. Er

! Der Bigamist

Im Jahr 1108 verstieß **Balduin I.** von Jerusalem seine zweite Frau Arda – angeblich aus Gründen der „Ehre". Die Chronisten schreiben entweder, Arda habe ihn betrogen, oder sie sei in Gefangenschaft von Piraten gekommen und dort wohl vergewaltigt worden. Wahrscheinlich aber war die politische Ehe mit einer Armenierin für Balduin in Jerusalem einfach uninteressant geworden. 1113 heiratete er Adelheid von Savona (um 1075–1118), die reiche Witwe des Königs von **Sizilien**, die nicht nur große Schätze, sondern auch sizilianische Soldaten mit nach Jerusalem brachte. Patriarch Arnulf von Jerusalem hatte keine Bedenken, die Ehe abzusegnen. Andere Kirchenoberhäupter sahen sehr wohl ein Problem. Doch die Kommunikation zwischen Jerusalem und Rom war zeitaufwendig. Nach vier Jahren gab Balduin dem Drängen aus dem Vatikan nach und trennte sich wieder von Adelheid. Aber bis dahin hatte er ihr Vermögen ausgegeben und festgestellt, dass er auch mit ihr keine Kinder bekam. Sein Nachfolger als König von Jerusalem wurde sein Cousin **Balduin von Bourcq** (†1131). Edessa bekam ein weiterer Verwandter, **Joscelin von Courtenay** (†1131).

39

nahm nun als **Balduin I.** den Königstitel an und konsolidierte das anfangs schwache Königreich durch weitere Eroberungen. Besonders wichtig war die Einnahme der **Hafenstädte Akkon**, **Sidon** und **Beirut**, um eine sichere Versorgung über See zu garantieren, aber auch der Anschluss an die nördlichen Kreuzfahrerstaaten.

Die **griechisch-orthodoxe Kirche**, die unter muslimischer Herrschaft das lukrative Geschäft mit den christlichen Jerusalem-Pilgern in der Hand gehabt hatte, wurde enteignet. Als geistliches Oberhaupt von Jerusalem setzten die Kreuzfahrer nun einen katholischen **Patriarchen** ein, zuerst Arnulf von Cocques (†1118), den Kaplan von Herzog Robert von der Normandie. Er wurde jedoch

Orthodoxe Kirche

bald gegen Dagobert von Pisa (†1107) ausgetauscht, da er nicht die nötigen geistlichen Weihen hatte. Dagobert jedoch plante, aus Jerusalem eine Theokratie zu machen, einen Gottesstaat, in dem der oberste geistige Herrscher – im Namen Gottes – das Sagen hatte und kein weltlicher Fürst. Dem frommen Gottfried konnte er allerlei Zugeständnisse abpressen, doch Balduin I. nahm den Machtkampf gegen Dagobert auf und konnte ihn schließlich davonjagen. Offizieller Grund: Dagobert hatte sich der massiven Unterschlagung schuldig gemacht. 1112 wurde wieder Arnulf Patriarch. Auch er war korrupt und in ständige Liebesabenteuer verstrickt. Unter anderem wurde er zwischenzeitlich wegen sexueller Beziehungen zu einer Muslimin suspendiert. Aber er arbeitete gut mit dem König zusammen und behandelte die orientalischen Christen nicht ganz so schlecht wie Dagobert. Dieser hatte ihnen nicht nur verboten, in der Grabeskirche Messen abzuhalten, sondern auch alle Klöster und sonstigen Niederlassungen in Jerusalem geschlossen. Überhaupt blieben die **orientalischen Christen** für die Kreuzfahrer Gläubige zweiter Klasse, was dazu führte, dass viele sich die muslimische Oberherrschaft zurückwünschten und später muslimische Führer wie Nur ad-Din und Saladin unterstützten.

Nach und nach kamen immer mehr Europäer nach **Outremer** („jenseits des Meeres"), wie die Franzosen die Kreuzfahrerstaaten nannten. „Wer drüben arm war, lebt hier üppig, wer ein paar Heller hatte, besitzt hier ein Vermögen. Wer in Europa nur ein Dorf sein Eigen nannte, wird im Morgenland Herr einer ganzen Stadt", schildert Fulcher von Chartres die **Karrierechancen**. Trotzdem blieb den Europäern nichts anderes übrig, als nach 1099 einen Kurs der **Verständigung** mit Muslimen, Juden und einheimischen Christen zu suchen, um sich behaupten zu können. Gerade in Syrien konnten sie anfangs mit zahlreichen lokalen, muslimischen Machthabern Bündnisse schließen. Doch diese Verständigung wurde meist nur sehr oberflächlich betrieben. Die Kreuzfahrer übernahmen zwar teilweise den orientalischen Luxus sowie die dem Klima angemessene Kleidung und die bessere Hygiene, vertrauten sich einheimischen Ärzten an und gingen mit muslimischen Verbündeten auf die Jagd, ließen sich aber kaum wirklich auf die Kultur ein und lernten nur selten Arabisch. Trotzdem gab es, vor allem bei der zweiten und dritten Generation, zumindest eine gewisse Anpassung an die örtlichen Verhältnisse und Verständnis für die Andersgläubigen. Zum Problem in der Geschichte der Kreuzfahrerstaaten wurden jedoch immer wieder

Schon gewusst?

In den **Kreuzfahrerstaaten** lebten nicht nur Christen. Im Gegenteil! Es blieben nach der Heimkehr der meisten Kreuzfahrer wohl ca. 1200 Menschen, davon 200 Ritter, in Jerusalem zurück. Die Christen bildeten in allen Staaten zwar die Oberschicht, waren jedoch die **Minderheit**. In Edessa und Antiochia lebten vor allem armenische und syrische Christen, in Jerusalem und Tripolis überwiegend Juden und Moslems. Diesen wurde eine weitgehend freie Religionsausübung und eine eigene Gerichtsbarkeit zugestanden. Allerdings unterlagen sie strengen Kleidervorschriften und sexuelle Kontakte mit Christen waren verboten und wurden mit Kastration oder – bei Frauen – dem Abschneiden der Nase bestraft. Auch Jerusalem durften sie nicht betreten. Das Leben in den Dörfern rund um die Kreuzfahrerburgen blieb weitgehend unangetastet.

Neuankömmlinge aus Europa, die voller Kreuzzugseifer in den Orient kamen, Andersgläubige nur als Feinde und alles Fremde als Teufelswerk betrachteten und dementsprechend agierten. Für diese „**Zugereisten**" bedeutete es oft einen Kulturschock, zu sehen, dass ihre Glaubensbrüder mit Moslems verkehrten, orientalische Christinnen oder manchmal sogar getaufte Muslima heirateten und fremde Bräuche übernommen hatten.

Austausch mit Europa

Wirtschaftlich erlebten die Kreuzfahrerstaaten durch den **Handel mit Europa** eine Blüte. Die **italienischen Seerepubliken** Venedig, Genua und Pisa hatten sich anfangs vornehm zurückgehalten. Als sich der Erfolg des Kreuzzuges aber abzeichnete, schickten sie Flotten, die beim Erobern der Küs-

❓ Schon gewusst?

Die Kreuzzüge bescherten dem europäischen Bankwesen einen großen **Aufschwung**, da kaum ein Herrscher über genügend bares Geld verfügte, um ein mehrere Tausend Mann starkes Heer über Monate oder gar Jahre zu finanzieren. Er musste sich das nötige Geld deswegen bei den oberitalienischen Bankhäusern leihen. Doch natürlich war es gefährlich, so große Schätze mit sich zu führen. Nach mancher militärischen Niederlage geriet auch die ganze Kriegskasse in die Hände des Feindes. So setzte sich mehr und mehr der **bargeldlose Zahlungsverkehr** durch. Die Fürsten konnten Zahlungsanweisungen auch in den ausländischen Niederlassungen der Bankhäuser einlösen.

tenstädte halfen, und erhielten dafür das Recht, **Niederlassungen** in den eroberten Städten zu gründen. Da die Fürsten der Kreuzfahrerstaaten sowohl auf ihre Wirtschaftsmacht als auch auf ihre Seestreitkräfte angewiesen waren, gelang es den Seemächten in der Folge, weitreichende Privilegien zu bekommen. Das machte sie bei der Bevölkerung unbeliebt, ebenso die Tatsache, dass sie im Zweifelsfall ihre eigenen Interessen vertraten und sich gelegentlich auf die Seite der Muslime schlugen, wenn es ihnen angebracht schien. Auch ihre tiefe Rivalität untereinander machte sie zu unzuverlässigen – aber dennoch notwendigen – Bündnispartnern.

Die Kreuzfahrerstaaten produzierten für den **Export** vor allem Zucker, Stoffe, Farbstoffe, Glas und Holz, waren jedoch selbst auf Nahrungsmittelimporte angewiesen. Wichtiger noch war ihre Rolle als Drehkreuz für den europäischen Orienthandel, vor allem für die teuren und begehrten Gewürze aus Indien.

Europa profitierte enorm von den intensiveren Beziehungen nach Osten. Es gibt jedoch auch Historiker, die meinen, dass der direkte Kontakt mit der viel luxuriöseren und weiter entwickelten Kultur des Orients zu einem tief sitzenden **Minderwertigkeitskomplex** im Westen geführt habe, der sich in dem dringenden Wunsch niedergeschlagen habe, die Muslime wenigstens militärisch zu besiegen. Demnach hätten bei den weiteren Kreuzzügen nicht nur religiöse Gründe und der schnöde Wunsch nach Beute, sondern auch eine aus Unterlegenheitsgefühlen gespeiste Aggressivität eine Rolle gespielt.

Die Kreuzzüge von 1101

Nachdem nach der Eroberung Jerusalems der Großteil der Kreuzfahrer in die Heimat zurückgekehrt war, baten die Verbliebenen dort um Verstärkung. Der neue **Papst Paschalis II.** (Raniero di Bieda, reg. 1099–1118) drängte vor allem diejenigen, die bereits ein Gelübde geleistet, es aber noch nicht erfüllt hatten, zum Aufbruch. So kam es noch einmal zu drei kleineren Kreuzzügen.

Im Mai 1101 bildete sich bei Nikomedia (Izmit) ein Heer, das vor allem aus lombardischen Kleinbauern, geführt vom Erzbischof von Mailand, petschenegischen Söldnern, die Kaiser Alexios abgeordnet hatte, und einigen Fürsten bestand. Darunter waren auch Stephan von Blois und Herzog Odo I. von Burgund (um 1058–1102). Raimund von Toulouse, der damals noch kein eigenes Fürstentum erobert hatte, kam nach Konstantinopel und übernahm die Führung des Heers.

! Der Deserteur

Wer vom Kreuzzug zurückkehrte, ohne in Jerusalem gewesen zu sein, verfiel der gesellschaftlichen Ächtung. So ging es beispielsweise dem Grafen **Stephan von Blois**, der während der Belagerung Antiochias die Segel gestrichen und sich zwei Tage vor dem Fall der Stadt auf den Heimweg gemacht hatte. Seine Frau Adela, die Tochter Wilhelms des Eroberers, war darüber so beschämt, dass sie ihn massiv bedrängte, noch einmal aufzubrechen. So habe sie ihn sogar aus dem ehelichen Schlafzimmer geworfen. Stephan gehorchte und fiel 1102 in der Schlacht von Ramla gegen die Fatimiden. Adela jedoch regierte erfolgreich in Blois und zog mindestens sieben Kinder groß, von denen Stephan der Jüngere König von England wurde, allerdings erst nach einem äußerst blutigen und langwierigen Bürgerkrieg gegen seine Cousine Maud.

Die äußerst inhomogene Gruppe war sich jedoch uneins und teilte sich bald wieder auf. Die **Lombarden** beschlossen, Bohemund von Tarent zu befreien, der seit dem Ersten Kreuzzug in Europa einen legendären Ruf genoss, aber seit einem Jahr im Nordosten Anatoliens in türkischer Gefangenschaft saß. Im Gegensatz zu 1097 waren sich aber diesmal die muslimischen Fürsten der Region einig. Sultan Kilidsch Arslan I. verbündete sich mit seinen Rivalen Danischmend Ghazi und Ridwan von Aleppo und vernichtete die Heere der Eindringlinge weitgehend. Nur ein Teil der Anführer, der über Pferde verfügte, konnte sich retten. Unter ihnen war Raimund von Toulouse. Ähnlich erging es zwei weiteren Gruppen, die wenige Zeit später jede für sich versuchten, Anatolien zu durchqueren. Die erste stand unter der Führung von **Wilhelm II. von Nevers**, der sich ebenfalls retten konnte. Die zweite wurde von Herzog **Wilhelm IX. von Aquitanien**, **Welf IV. von Bayern** und Hugo von Vermandois

Wilhelm IX. von Aquitanien

? Schon gewusst?

Auch viele Frauen verspürten das Bedürfnis, mit ins Heilige Land zu ziehen. Im Heer von Wilhelm und Welf befand sich auch die 46-jährige **Ida, verwitwete Markgräfin von Österreich**, die in ihrer Jugend als eine große Schönheit gegolten hatte. Sie wurde vermutlich bei Heraklea getötet. Aber da es dafür keine Augenzeugen gab und man keine Leiche fand, verbreitete sich das Gerücht, sie wäre in einen Harem verschleppt worden. Später kam das Gerücht auf, der seldschukische Statthalter Zengi (1087–1146) sei ihr Sohn, obwohl dies schon angesichts von Zengis Alter ausgeschlossen war.

geführt, der, auch ohne Jerusalem erreicht zu haben, vom ersten Kreuzzug zurückgekehrt war. Dieser Gruppe lauerte Kilidsch Arslan Ende September bei Heraklea auf. Hugo wurde tödlich verwundet. Wilhelm und Welf konnten sich retten. Die Überlebenden sammelten sich in Tarsus und erreichten Ostern 1102 Jerusalem. Das **Ansehen der Kreuzfahrer**, die nach der Eroberung von Jerusalem zwar als unzivilisierte, grausame Ungeheuer, aber doch als nahezu unbesiegbar gegolten hatten, nahm durch die Katastrophen von 1101 jedoch gewaltigen Schaden.

Der Zweite Kreuzzug

Im Jahr 1144 eroberte Zengi, der Statthalter der Seldschuken in Aleppo und Mosul, die Grafschaft Edessa. Auch die anderen Kreuzfahrerstaaten fürchteten nun um ihre Existenz und sandten einen Hilferuf nach Europa. Am 1. Dezember 1145 rief Papst Eugen III. (Bernardus, reg. 1145–53) deshalb erneut zum Kreuzzug auf. Mit Ludwig VII. von Frankreich und Konrad III. von Deutschland konnte er diesmal sogar zwei Könige gewinnen. Im Heiligen Land versuchten diese jedoch, statt des zerstörten Edessa das reichere Damaskus zu erobern. Als dies nicht gelang, gaben sie das Unternehmen 1149 ergebnislos auf. Parallel dazu führten einige Fürsten auch einen „Wendenkreuzzug" gegen die Elbslawen durch.

König Konrad III.
auf dem Zweiten Kreuzzug

Die Kreuzfahrerstaaten im Jahr 1145

Der Fall von **Edessa** kam nicht von ungefähr. Graf **Joscelin II.** (1113–59) wird von den Chronisten als fett, feige und „Trunk und Schwelgereien ergeben" beschrieben. Er residierte längst nicht mehr in seiner Hauptstadt, sondern westlich des Euphrats in Turbessel (Tilbeşar), sparte am Sold seiner Soldaten und dachte gar nicht daran, sich persönlich an Schlachten zu beteiligen. Dann starb 1143 auch noch Kaiser Johannes II. Komnenos von Byzanz, der stärkste Gegner des türkischen Statthalters **Zengi** (1087–1146). Als dieser dann Edessa angriff, erhielt Joscelin II. zudem aus Antiochia keine Hilfe, und die aus Jerusalem traf zu spät ein. Zengi konnte den größten Teil des Fürstentums einnehmen. Die europäischen Christen wurden umgebracht und die Frauen in die Sklaverei verkauft. Die orientalischen Christen dagegen verschonte Zengi. Joscelin II. blieb nur ein kleiner Rest seiner Grafschaft rund um Turbessel.

In den anderen Staaten sah es nicht besser aus: In **Antiochia** war 1131 Bohemund II., Sohn

45

des ersten Bohemund, im Kampf gefallen. Seine Witwe **Alice**, Tochter von König Balduin II. von Jerusalem und der armenischen Prinzessin Morphia von Melitene, versuchte, Antiochia gegen die Ansprüche ihres eigenen Vaters zu halten. Sie bemühte sich sogar um ein Bündnis mit Zengi und bot ihm die Hand ihrer Tochter **Konstanze** für einen seiner Söhne an. Doch ihr Bote kam nie an, sondern wurde von ihrem Vater getötet. In ihrem Volk hatte sie wenig Rückhalt und als sie 1135 ein Bündnis mit Byzanz schmieden wollte, indem sie Antiochia der byzantinischen Oberherrschaft unterstellte und Konstanze (1127–63) dem Thronerben Manuel Komnenos als Frau anbot, rebellierte auch der Adel. Er rief den französischen Adligen **Raimund von Poitiers** (1099–1149), einen Sohn von Herzog Wilhelm IX. von Aquitanien, nach Antiochia. Raimund war ein Mann, der für sein gutes Aussehen und seine Tapferkeit bekannt war, aber auch cholerisch, spielsüchtig und ziemlich ungebildet gewesen sein soll. Als Alice fragte, was dieser hier wolle, machte der Patriarch von Antiochia ihr weis, Raimund wolle um ihre Hand anhalten. Hinter Alices Rücken aber entführte der Patriarch ihre neunjährige Tochter und verheiratete Konstanze mit Raimund. Alice, so heißt es, habe danach mit gebrochenem Herzen ihren Kampf um die Macht aufgegeben und sei bald gestorben. Doch auch der Neue Fürst Raimund wurde von Kaiser **Johannes II. Komnenos** (1097–1143) zur Huldigung und zum Bündnis mit Byzanz gezwungen.

In Jerusalem war im Jahr 1131 König Balduin II. gestorben. Nachfolger wurde sein Schwiegersohn **Fulko von Anjou** (1092–1144). Dieser hatte nie an einem Kreuzzug teilgenommen, sondern 1120 eine Pilgerfahrt ins Heilige Land unternommen und sieben Jahre später von König Balduin die Hand seiner ältesten Tochter **Melisende** (1105–60) angeboten bekommen.

Die Hochzeit von Fulko von Anjou und Melisende

Dass Melisende den viel älteren, rothaarigen Witwer, über dessen Schnabelschuhe sich alle lustig

46

? Schon gewusst?

Die **Assassinen** („Haschischesser") waren eine schiitische Sekte, die ihren Sitz in der Festung Alamut in der Nähe von Teheran hatte. Die Gruppe wurde um 1080 gegründet und wurde vor allem durch politische Morde berüchtigt. In der Regel ließen sich die Mörder nach der Tat bewusst festnehmen und hinrichten, begingen also Selbstmordattentate. Bevorzugtes Ziel waren die Seldschukenherrscher, da sie der Errichtung eines schiitischen Gottesstaates im Weg standen. In Syrien machte sich später ein Unterführer, Raschid al-Din Sinan (um 1133–92), genannt der Alte vom Berge, selbstständig.

machten, nicht wollte, spielte keine Rolle. Trotz der äußeren Bedrohung durch Zengi leisteten sich die beiden 1132 einen Ehe-

krach, der das Königreich zu spalten drohte. Als Fulko einen angeblichen Liebhaber von Melisende niederstach, soll diese sogar gedroht haben, Kontakt zur islamischen Sekte der Assassinen aufzunehmen. Während Balduin II. in islamischen Chroniken als erfahrener und geschickter Herrscher bezeichnet wird, heißt es über Fulko, er sei ein Mann, „dem rechte Entscheidung und glückliche Hand in der Regierung nicht gegeben waren." In der islamischen Welt dagegen, so ist nachzulesen, sei unter Zengis Herrschaft wieder Ruhe und Sicherheit eingekehrt.

Nach Fulkos Tod im Jahr 1144 übernahm Melisende die Regentschaft für ihren Sohn **Balduin III.** (1130–62). In Tripolis regierte seit 1137 **Raimund II.** (um 1115–52), ein Urenkel Raimunds von Toulouse, der mit Hodierna verheiratet war, einer ebenfalls sehr streitbaren Schwester von Meli-

Die Festung Krak des Chevaliers in Syrien

47

sende und Alice. Er hatte zum Schutz gegen Zengi den **Johanniterorden** nach Tripolis geholt, ihm die Festung **Krak des Chevaliers** übergeben und dem Orden weitgehende Freiheiten innerhalb seiner Grafschaft eingeräumt.

! Krak des Chevaliers

Die imposante Kreuzritterburg Krak des Chevaliers in Syrien gehört heute zum Weltkulturerbe der UNO. Eine frühere Befestigung an dieser Stelle war 1099 von Raimund von Toulouse erobert und von seinen Nachfolgern ausgebaut worden. Sie wurde jedoch 1157 und 1170 bei schweren Erdbeben zerstört. Danach begannen die Johanniter einen aufwendigen Neubau.

Bernhard von Clairvaux

In Europa hatte der Kreuzzugsappell von Papst Eugen zunächst wenig Wirkung. Das änderte sich erst, als er den charismatischen und einflussreichen Zisterzienserabt **Bernhard von Clairvaux** (um 1090–1153) zum Kreuzzugsprediger machte. Der entwarf nun in flammenden Predigten das Idealbild des „Tempelritters", der nicht für Macht und Besitz, sondern für höhere Ziele kämpfte. Im Gegensatz zu vielen Predigern des Ersten Kreuzzuges wandte sich

Bernhard bewusst nicht an das Volk, sondern nur an den Adel, dem er von der Kanzel herunter zu Festgottesdiensten vor dem versammelten Hofstaat die Leviten las. Schon binnen kurzer Zeit gelobte der fromme französische König **Ludwig VII.** (1120–80) seine Teilnahme. Weihnachten 1146 bearbeitete Bernhard den widerstrebenden deutschen König **Konrad III.** von Staufen (1093–1152) und dessen größten Rivalen Welf VI. (1115–91) derart, dass beide zusagten. Auch Konrads Neffe Friedrich von Schwaben, der spätere Kaiser **Friedrich Barbarossa**, schloss sich an. Vermutlich war der relativ unkriegerische Konrad nur nominell der Anführer der deutschen Kreuzfahrer, während die Fäden real in den Händen des damals etwa 25-jährigen Friedrich lagen.

Bernhard von Clairvaux

48

Andere Adlige entzogen sich dem moralischen Druck, am Kreuzzug teilnehmen zu müssen, indem sie stattdessen gegen die Moslems auf der **iberischen Halbinsel** bzw. gegen die heidnischen **Slawen** östlich der Elbe kämpften.

Auch diesmal gab es wieder Pogrome gegen Juden in Frankreich und im deutschen Rhein-Main-Gebiet, ausgelöst vor allem durch einen Prediger namens Radulf, der wie Bernhard von Clairvaux dem Zisterzienserorden angehörte. Doch als Bernhard davon hörte, sorgte er höchstpersönlich dafür, dass Radulf wieder hinter Klostermauern verschwand.

Der Kreuzzug der Könige

Konrad III. brach Mitte Mai 1147 mit seinem Heer in Nürnberg auf, Ludwig VII. einige Wochen später. Der Durchzug durch Europa war diesmal gut organisiert und mit den jeweiligen Herrschern abgesprochen, verlief aber trotzdem nicht so reibungslos wie geplant, da sich dem Heer eine große Zahl unbewaffneter Zivilisten angeschlossen hatte, die keinen Kreuzzug, sondern eine Pilgerreise ins Heilige Land unternehmen wollten, sich aber unter dem Schutz der Kreuzritter sicher wähnten. Außerdem gab es wieder Plünderungen der Kreuzfahrer und Zu-

König Konrad III.

sammenstöße mit den Einheimischen, wenn auch nicht in solchem Maße wie 1096. Eigentlich war abgesprochen, dass Konrad in Byzanz auf Ludwig warten sollte, aber er entschied sich dagegen. Auch Kaiser **Manuel Komnenos** (1118–80), obschon mit der Schwester von Konrads Frau verheiratet, wollte den Schwippschwager möglichst schnell loswerden. Erstens kam es wieder zu Ausschreitungen der Kreuzfahrer in seiner Stadt, zweitens kam ihm der ganze Kreuzzug höchst ungelegen. Da er wieder einmal Schwierigkeiten mit den sizilianischen Normannen hatte, hatte er einen Friedensvertrag mit den Rumseldschuken abgeschlossen. Diesen aber drohten nun die Kreuzfahrer zu stören, da sie Bündnisse mit Moslems weiterhin als Verrat an der Christenheit ansahen.

Konrad setzte also schnell nach Anatolien über, wo er sein Gefolge dann sogar teilte. Möglicherweise fühlte er sich wegen Manuels Bündnis mit den Türken – trotz aller Schmähungen – sicher. Die Pilger zogen an der Küste entlang, die Ritter quer durch das Land. Doch Manuels Bündnis erstreckte sich längst nicht auf alle Seldschuken. Konrads Heer erlitt im Oktober bei **Doryläum** eine schwere Niederlage und auch ein Großteil der Pilger kam um. Der Rest von Konrads Heer floh nach Nicäa, wo ungefähr einen Monat später auch Ludwig eintraf. Gemeinsam zog man weiter. Doch es gab von Anfang an ständige Reibereien zwischen den deutschen und den französischen Kreuzfahrern. Ende des Jahres erkrankte Konrad und reiste nach Konstantinopel zurück, wo Schwager Manuel ihn diesmal aufs Freundlichste empfing und sogar persönlich verarztet haben soll. Das Heer dagegen musste eine erneute schwere Niederlage einstecken und schlug sich nur mühsam bis Antiochia durch.

Angriff auf Damaskus

Nachdem **Konrad** wieder genesen war, nahm er ein Schiff nach **Palästina** und traf im Juni 1148 in

---

! Das Schweigen des Chronisten

Was dem deutschen Pilgerzug passierte, ist unklar. Wurde er auf einen Schlag vernichtet oder durch Erschöpfung und Überfälle aufgerieben? Das Schweigen verwundert umso mehr, als er von einem der größten Geschichtsschreiber des Mittelalters angeführt wurde: Konrads Halbbruder mütterlicherseits, Bischof **Otto von Freising** (um 1112–58). Doch über seine Abenteuer auf dem Kreuzzug, den er nur mit Glück überlebte, meldete er nur: „Da allen bekannt ist, welchen Ausgang dieser Kreuzzug infolge unserer Sünden genommen hat, und da wir uns diesmal vorgenommen haben, keine Tragödie, sondern ein erfreuliches Geschichtswerk zu schreiben, mögen davon andere an anderer Stelle berichten." Die „erfreulichen Geschichtswerke", mit denen er berühmt wurde, sind *Die Geschichte der zwei Staaten*, eine Weltgeschichte von Adam und Eva bis zum Jüngsten Gericht, und *Die Taten Kaiser Friedrichs*, eine Biografie über seinen Neffen Friedrich Barbarossa.

Vielleicht die größte Bedeutung für die Geschichte hatte das Ehedrama, das sich am Rande des Zweiten Kreuzzuges abspielte. Im Gefolge **Ludwigs VII.** befand sich auch seine Gattin **Eleonore von Aquitanien** (um 1122–1204). Sie reiste mit großem Hofstaat – Troubadouren, Hofdamen und unendlich viel Gepäck – war aber zäh genug, den Zug durch Anatolien zu Pferd anzuführen. Der fromme Ludwig und die lebenslustige Eleonore passten jedoch denkbar schlecht zusammen. In Antiochia trafen sie auf Eleonores Onkel Raimund von Poitiers, der sich so gut mit ihr verstand, dass Ludwig schleunigst mit der Gattin floh. Ob Eleonore und Raimund wirklich ein Verhältnis hatten, weiß man nicht, aber der Kreuzzug führte zu einem so tiefen Bruch zwischen dem französischen Königspaar, dass sich der Papst persönlich um die Rettung ihrer Ehe bemühte. 1152 ließen sie sich aber doch scheiden. Ludwig verlor damit Eleonores Erbe, das große und reiche Aquitanien. Noch schlimmer: im selben Jahr fiel dieses Erbe an ihren zweiten Ehemann, den englischen König Heinrich II., der nun einen größeren Teil Frankreichs beherrschte als Ludwig, was zum Problem zwischen den beiden Ländern wurde.

Akkon wieder mit **Ludwig** zusammen. Zusammen mit **Balduin III.** von Jerusalem berieten die beiden Könige nun das weitere Vorgehen. Die anderen Fürsten von Outremer blieben fern. Raimund von Antiochia war beleidigt, weil ihm König Ludwig Ehebruch mit seiner Gattin unterstellt hatte, Raimund von Tripolis, weil man ihn verdächtigte, seinen Großonkel Alfons Jordan von Toulouse vergiftet zu haben. Eigentlich war das Ziel des Kreuzzuges die Rückeroberung Edessas gewesen. Doch die erschien wenig lohnend. Zengi hatte das Fürstentum vergleichsweise schonend behandelt. Dann war es Joscelin II. gelungen, die Stadt kurzzeitig zurückzuerobern. Doch er war schnell wieder von Zengis Sohn **Nur ad-Din** (1118–74) vertrieben worden. Der machte Edessa nun dem Erdboden gleich. Nicht aus Rache, sondern um weitere Rückeroberungsversuche der Christen zu verhindern. Die Rechnung ging auf. Die Kreuzfahrer verwarfen den Feldzug nach Edessa schnell und überlegten stattdessen, ob sie **Aleppo**, Nur ad-Dins Residenz, angreifen sollten oder **Damaskus**. Sie entschieden sich schließlich für Damaskus. Politisch war das hanebüchen. Der Emir von Damaskus war ein Feind Nur ad-Dins und mit Jerusalem verbündet. Er zahlte Balduin III. sogar Tribut. Doch Damaskus war reicher als Aleppo,

Damaskus

lag näher und war weit weniger gut verteidigt als die Hauptstadt Nur ad-Dins. Den beiden europäischen Königen kann man zugutehalten, dass sie schlecht informiert waren. Konrad soll nach einer deutschen Quelle sogar protestiert haben, den Frieden mit Damaskus zu stören. Doch an der Entscheidung waren auch König Balduin III. und mehrere einheimische Fürsten beteiligt, die es hätten besser wissen müssen.

Die **Belagerung von Damaskus** dauerte dann ganze fünf Tage. Am ersten eroberten die Kreuzfahrer die leicht befestigten Obstplantagen rund um die Stadt und richteten sich dort ein. Doch dieser angenehme Aufenthaltsort mit genügend Wasser hatte den Nachteil, dass die Büsche und Gräben den Damaszenern Angriffe aus dem Hinterhalt erlaubten. Also verließ man schon am nächsten Tag die Gärten wieder und zog auf eine angrenzende Ebene, wo es jedoch kein Wasser gab. Während man noch überlegte, was man tun sollte, schickte der Emir von Damaskus einen Hilferuf an seinen alten Feind Nur ad-Din. Kaum wurde bekannt, dass dieser mit starkem Heer heranrückte, brachen die Kreuzfahrer die Belagerung ab. Beim Abzug erlitten sie noch schwere Verluste, weil die Damaszener sie von berittenen Bogenschützen verfolgen ließen. Danach brach der große **Streit** los, wer an dem Debakel schuld sei. Auch Gerüchte von Verrat machten die Runde. Als Konrad vorschlug, Askalon zu erobern, wollten ihn weder die Franzosen noch die einheimischen Fürsten unterstützen. Alleine waren die Deutschen für eine solche Aktion nach den Verlusten in Anatolien nicht mehr stark genug. Also kehrten die beiden Könige mit ihren verbliebenen Mannen unverrichteter Dinge nach Hause. Doch drei Dinge waren geschehen: Insgesamt waren wohl über 10.000 Europäer umgekommen, der Nimbus der Unbesiegbarkeit der Kreuzritter war zerstört und die syrischen Fürsten, allen voran der Emir von Damaskus, waren in die Arme Nur ad-Dins getrieben worden.

Nur ad-Din

Zengis Sohn arbeitete in der Folge in Syrien und Palästina an der **Einigung der sunnitischen Moslems**. Dazu gehörte nicht nur die militärische Unterwerfung und der Ausbau einer effizienten Infrastruktur, sondern auch die Stärkung des Zusammengehörigkeitsgefühls. Dafür ließ er unter anderem die Zahl der **religiösen Schulen**, der Madrasas, vervielfachen. In diesen wurde unter anderem die Vorstellung des **Dschihad**, des heiligen Kampfes gegen die fränkischen Kreuzfahrer – nicht die Christen insgesamt –, vorangetrieben. Auch die Vorstellung von Jerusalem als heiliger Stadt des Islam wurde in dieser Zeit besonders betont. Die religiöse Gemeinsamkeit sollte sowohl politisches Konkurrenzdenken wie auch ethnische Konflikte in den Hintergrund drängen. Dies

Saladin

53

! Kritische Stimmen

Nach dem Zweiten Kreuzzug wurde innerhalb der Kirche auch **Kritik** laut, die nicht nur konkrete Fehler anmahnte, sondern sich insgesamt gegen die Vorstellung von Wallfahrten in Waffen wandte. Sie berief sich auf die Überlieferung im Matthäusevangelium, nach der Jesus bei seiner Festnahme Petrus warnte, wer das Schwert ziehe, werde auch durch das Schwert umkommen. Ein besonders vehementes Anti-Kreuzzugs-Traktat verfasste der britische Theologe **Radulfus Niger** (um 1146–1200), ein Schüler Thomas Beckets. Unter anderem schrieb er über die Andersgläubigen: „Sie sind Menschen von derselben natürlichen Beschaffung wie wir." Man dürfe sie bekämpfen, wenn man angegriffen werde, aber wer den Glauben mit Gewalt verbreite, verlasse die Lehren des Glaubens. Auch **Petrus Venerabilis** (um 1094–1156), der Abt des Reformklosters Cluny, plädierte dafür, sich auf geistiger Ebene mit dem Islam auseinanderzusetzen. Da bisher über den Islam kaum etwas Substanzielles bekannt war, dafür aber viele völlig abseitige Gerüchte kursierten, ließ Petrus den **Koran** ins Lateinische übersetzen. Es war die erste derartige Übersetzung überhaupt. Der Abt selbst war überrascht, welche Gemeinsamkeiten es zwischen Christentum und Islam gab. In zwei Büchern, einer Darstellung des Islam und einer Widerlegung aus christlicher Sicht, stufte er den Islam am Ende als eine Art christlicher Häresie ein.

gelang auch weitgehend. Obwohl die meisten Moslems in Syrien und Palästina Araber waren, regierte der Türke Nur ad-Din nahezu unangefochten, ebenso sein kurdischstämmiger Nachfolger Saladin. Heute dagegen werden teils leidenschaftliche Konflikte ausgetragen, ob Saladin nun Kurde oder nicht doch eher Turkmene war.

Der Wendenkreuzzug

1146 erkannte Papst Eugen III. auch den Kampf der Spanier und Portugiesen gegen die **Mauren** als Kreuzzug an und gewährte dafür den gleichen Ablass wie für Kreuzfahrten ins Heilige Land. Das führte dazu, dass auch andere europäische Ritter sich dem Kampf auf der iberischen Halbinsel anschlossen. Doch einige deutsche Fürsten fanden eine noch „einfachere" Lösung.

Brandenburg statt Palästina

Im März 1147 fand in Frankfurt am Main ein **Reichstag** statt, bei dem es vor allem um die Kreuzzugsteilnahme König Konrads III. ging. Auf diesem Reichstag erklärten die **sächsischen Fürsten**, sie könnten unmöglich mit nach Palästina kommen, da ihre Grenzen von den heidnischen **Slawen** jenseits der Elbe bedroht seien. Sie boten aber an, stattdessen einen Kreuzzug gegen die Wenden zu führen. Vom wem genau dieser Vorschlag stammte, weiß man nicht, Hauptverdächtiger ist jedoch **Albrecht der Bär** (um 1100–70), der durch den Kreuzzug seinen Herrschaftsbereich ausdehnen konnte. Aber auch der junge Herzog von Bayern und Sachsen, **Heinrich der Löwe** (um 1130–95), der einer der prag-

Albrecht der Bär, Denkmal in Ballenstedt

matischsten und skrupellosesten Machtpolitiker seiner Zeit werden sollte, kommt infrage. Die auf dem Reichstag anwesenden Fürsten, einschließlich des Kreuzzugspredigers **Bernhard von Clairvaux**, segneten diese Idee ab, und schließlich genehmigte auch Papst Eugen III. – vermutlich auf starkes Drängen von Bernhard hin – den Wendenkreuzzug. Er forderte aber, der Kreuzzug solle nur der **Bekehrung der Heiden** dienen und drohte jedem die Exkommunikation an, der aus Gründen weltlichen Gewinns sein Gelübde brach. Daraufhin begann Bernhard, auch für dieses Unternehmen zu werben.

Wendland

„**Wenden**" war ein Begriff, den die Deutschen im Mittelalter für alle Slawen benutzten, vor allem aber für die Stämme zwischen **Elbe und Oder** im heutigen Ostholstein, Sachsen-Anhalt, Brandenburg und Mecklenburg-Vorpommern. Die deutschen Könige hatten in den vergangenen zwei Jahrhunderten immer wieder versucht, diese Gebiete zu erobern und als Grenzmarken ihrem Reich anzugliedern, was nur teilweise gelungen war, zumal sie dabei auch in Konkurrenz zu den polnischen Fürsten standen, die von Osten her Ähnliches versuchten. Dabei ging es vor allem um eine Ausdehnung der Macht und eine Sicherung der

Wenden in ihrer typischen Tracht, Abbildung aus dem Sachsenspiegel

Grenzen. Die Missionierung der Heiden war zwar erwünscht, wurde jedoch der Kirche überlassen. Wichtiger waren stabile Verhältnisse in diesen Gebieten. Teilweise gelang es, Bündnisse mit einzelnen Fürsten zu schmieden, von denen sich dann wiederum einige taufen ließen, wie z. B. **Pribislaw-Heinrich** (um 1075–1150), der letzte Fürst der havelländischen **Heveller**. Diese sahen sich dadurch jedoch oft einer weiterhin heidnischen Adelsopposition gegenüber, der sie nicht immer standhalten konnten. Die Gefahr von Aufständen und Angriffen auf die sächsischen Fürstentümer war also nicht ganz von der Hand zu weisen, aber dennoch längst nicht so groß, wie die Fürsten sie in Frankfurt dargestellt hatten. Vielmehr beanspruchten die sächsischen Fürsten die Herrschaft über Teile des slawischen Gebietes. So beherrschte beispielsweise Albrecht der Bär von Ballenstedt (um 1100–70) bereits slawische Gebiete im heutigen Sachsen-Anhalt und hatte Pribislaw-Heinrich bei der Sicherung seiner Macht unterstützt, worauf ihn der kinderlose Fürst im Gegenzug zu seinem Erben ernannt hatte, was bei vielen Hevellern auf Widerstand gestoßen war.

Rätsel um die Abodriten

Die Teilnehmer des Kreuzzuges sammelten sich Ende Juni in Magdeburg. Angeblich nahmen 100.000 Deutsche, 100.000 Dänen und 20.000 Polen daran teil, was aber unglaubwürdig ist. Als Führer hatte Papst Eugen einen Legaten, den Bischof Anselm von Havelberg (†1158), ernannt, der aber keine große Rolle spielte. Stattdessen bildeten sich zwei Kreuzfahrertrupps. Der eine wurde von Albrecht dem Bären angeführt und zog in das von ihm beanspruchte Land der Heveller und in das der nördlich davon lebenden **Liutizen**. Eine kleinere Gruppe führte Heinrich der Löwe ge-

Das Stammesgebiet der Abodriten

56

gen die **Abodriten** in Mecklenburg und Ostholstein.

In der Forschung ist umstritten, ob Heinrich dies von Anfang an plante, oder ob der Zug gegen die Abodriten eine kurzfristige Entscheidung war. Die Abodriten lebten unter ihrem Fürsten **Niklot** (1090–1160) in guter Beziehung zu ihren christlichen Nachbarn. Im Vorfeld des Kreuzzuges bat Niklot dann auch **Adolf II. von Holstein** (1128–64), mit dem er einen Freundschaftsvertrag hatte, um Gespräche, die Adolf jedoch verweigerte. Ob Niklot nur daraus schloss, dass auch er zum Opfer des Kreuzzuges werden sollte, oder ob er auch andere Quellen hatte, ist wieder ungewiss. Jedenfalls leitete er Verteidigungsmaßnahmen in die Wege. Als sich die Kreuzfahrer dann sammelten, startete Niklot einen Überraschungsangriff. Während seine Reiter in sächsisches Gebiet einfielen, griff seine Flotte am 26. Juni **Lübeck** an. Laut christlicher Propaganda reagierten die christlichen Kreuzfahrer nur auf diesen Angriff, als sie gegen die Abodriten zogen. Es gibt aber auch Indizien, dass Heinrich der Löwe schon zuvor plante, das Abodritenland unter seine Kontrolle zu bringen.

Der Kreuzzug des Löwen

Über den tatsächlichen Feldzug von Heinrich dem Löwen in Mecklenburg ist relativ wenig bekannt. Unter anderem belagerte er die Burg **Dobin** am Schweriner See, konnte sie aber nicht einnehmen. Es ist anzunehmen, dass der Krieg so lange betrieben wurde, bis einige Slawen einer christlichen Taufe zustimmten, damit die Angreifer ihr Kreuzzugsgelübde erfüllt hätten. Zeitgenössische Quellen belegen, dass sich viele Kreuzfahrer danach beschwerten, dass sowohl Heinrich der Löwe wie auch Albrecht der Bär die Sache nur sehr halbherzig betrieben und die anderen Kreuzfahrer immer wieder am Plündern und Verwüsten des Landes hinderten. Die Unternehmungen wurden auch so bald wie möglich – im Herbst 1147 – wieder abgebrochen.

Heinrich der Löwe

Der Kreuzzug des Bären

Auch die Informationen über den Haupttrupp der Kreuzfahrer, der von Albrecht dem Bären geführt wurde, sind nicht sehr groß. Unter anderem belagerte man die Festung **Demmin**. Auf dem Weg dahin zerstörte man bei **Malchow** ein slawisches Heiligtum. Von

Demmin zog ein Teil weiter nach **Stettin**. Doch die Einwohner retteten sich, indem sie behaupteten, sie seien bereits Christen, was teilweise wohl auch stimmte. Später konnte man einen Fürsten der **Pomeranen** namens Ratibor zur Taufe nötigen. Insgesamt reagierten die Slawen auf den Einfall der Kreuzritter, indem sie dem Heer auswichen, sich in Burgen verschanzten oder in Wälder und Sümpfe zurückzogen.

Die Folgen

Die Zurückhaltung Albrechts des Bären und Heinrichs des Löwen bedeutete aber keinesfalls, dass ihr Interesse an der Eroberung der slawischen Gebiete gering war. Im Gegenteil! Ihnen lag offenbar nur daran, während des schlecht organisierten Kreuzzuges sinnlose Opfer und Zerstörungen zu vermeiden. Denn einige Jahre später unterwarfen sie die damals schon anvisierten Gebiete wirklich. Albrecht der Bär konnte 1157 die **Mark Brandenburg** gründen. Heinrich der Löwe brauchte bis 1164, bis er den Widerstand der Abodriten gebrochen hatte. Danach begannen beide mit dem Wiederaufbau ihres neuen Herrschaftsgebietes, wozu auch die Gründung von **Bistümern** und die Anwerbung von **deutschen Siedlern** gehörten. Heinrich der Löwe verlangte von den unterworfenen Slawen auch die

Zwangstaufe. Aber vermutlich bewogen ihn dazu weniger religiöse Gründe als der Wunsch nach möglichst schneller Assimilation der Unterworfenen. Dafür setzte er Niklots Sohn **Pribislaw** wieder als Fürsten von Mecklenburg ein, allerdings als seinen Lehensmann. Pribislaws Sohn Heinrich Borwin I. (†1227) gab er sogar seine – wenn auch illegitime – Tochter Mathilde zur Frau. Die Nachkommen Niklots konnten sich dann bis 1918 in Mecklenburg an der Macht halten, zuletzt als Großherzöge der beiden Fürstentümer **Mecklenburg-Schwerin** und **Mecklenburg-Strelitz**.

 Schon gewusst?

Auch die **Schweden** führten Kreuzzüge. Jedenfalls bezeichneten sie die Kriege gegen die damals noch heidnischen Finnen um 1150, um 1250 und im Jahr 1293 als solche. Es war zwar wohl eher der Versuch, den Einfluss des russischen Nowgorod in Finnland zurückzudrängen, oder eine Rückprojektion des Zweiten Kreuzzuges, um den später zum schwedischen Nationalheiligen gewordenen König, Erik IX., damit in Verbindung bringen zu können. Trotzdem kam es im 13. Jahrhundert zu einer weitgehenden Christianisierung Finnlands.

Der Dritte Kreuzzug

Geheimbünde sind Vereinigungen mit einem politischen, ökonomischen, religiösen, okkultistischen oder esoterischen Hintergrund. Das Hauptziel solcher Organisationen besteht darin, geheimes Wissen zu sichern; auch werden Struktur, Bräuche und Absichten vor der Öffentlichkeit geheim gehalten. Geheime Organisationen sind in allen Epochen der Menschheitsgeschichte nachweisbar, und sie existieren auch in unserer Zeit. Im besten Fall entstehen sie, um die Aufklärung und Vervollkommnung der Mitmenschen zu fördern und die geknechtete Menschheit von geistigem, politischen und sozialen Druck zu befreien. Manche jedoch verfolgen auch undurchsichtige Ziele mit verdächtigen Methoden und haben lediglich die Wahrung ihrer persönlichen Interessen im Sinn. Historisch berufen sich heutige Geheimbünde meist auf die Templer, die Freimaurer, die Rosenkreuzer oder die Illuminaten.

Richard Löwenherz trifft Philipp II.

Geänderte Verhältnisse im Nahen Osten

Nach dem Zweiten Kreuzzug konnten sich die Fürsten in Outremer nur mühsam gegen Nur ad-Din behaupten, der nun Damaskus zur Hauptstadt seines immer stärker werdenden Emirats gemacht hatte. 1149 fiel Raimund von Antiochia in der Schlacht und Nur ad-Din sandte seinen Kopf in einem Silberkasten an den Kalifen von Bagdad. Die Stadt Antiochia aber konnte von Raimunds Witwe Konstanze verteidigt werden. König Balduin III. von Jerusalem, von Chronisten als gebildeter, gut aussehender, blonder junger Mann und glänzender Gesellschafter beschrieben, erwies sich immerhin als besserer Politiker, als es der Angriff auf Damaskus 1148 hatte befürchten lassen. Er suchte ein Bündnis mit Kaiser Manuel I. von **Byzanz**. Dem gelang es, einen Waffenstillstand mit Nur ad-

Din auszuhandeln. Unterdessen wurde jedoch das **Kalifat der Fatimiden** in Ägypten durch interne Wirren immer schwächer. Nach Balduins frühem Tod half sein Bruder **Amalrich I.** (1136–74) im Jahr 1163 dem Kalifen, einen Angriff Nur ad-Dins abzuwehren, und dieser verpflichtete sich dafür, einen hohen **Tribut** zu zahlen. Doch dann wollte Amalrich mehr und griff 1168 das Fatimidenreich an, um es vollständig zu erobern. Dies war nicht nur ein Bruch des Bündnisvertrages, sondern führte auch dazu, dass die Fatimiden jetzt Nur ad-Din zu Hilfe riefen. Dieser schickte seinen Hauptmann Schirkuh und dessen Neffen **Saladin** (um 1137–93), die Amalrichs Truppen zurückschlu-

gen und Ägypten selbst eroberten. Saladin wurde erst Wesir und im Jahr 1171, nach dem Tod des Kalifen, Sultan von Ägypten. Nach Nur ad-Dins Tod im Jahr 1174 griff er auch Syrien an und eroberte es. Mit den Kreuzrittern schloss er 1180 einen **Waffenstillstand**.

Rainald von Chatillon

Dieser Waffenstillstand wurde nicht von Saladin gebrochen, sondern von **Rainald von Chatillon** (um 1125–87). Dieser war der jüngere Sohn eines relativ unbedeutenden französischen Adligen und mit dem Zweiten Kreuzzug ins Heilige Land gekommen. Dort hatte er 1153 das Herz von Konstanze, der Witwe von Raimund von Poitiers, erobert und

! Die Schlacht von Montgisard

1177 hatten die Kreuzritter die zahlenmäßig weit überlegene Armee Saladins in der Schlacht von Montgisard besiegen können. Das soll unter anderem an den **„lebenden Toten"** des Lazarusordens gelegen haben. Dieser Orden war bereits vor den Kreuzzügen im 11. Jahrhundert als Hospitalorden in Jerusalem gegründet worden. Von seinem Krankenhaus, in dem erkrankte Pilger und Aussätzige gepflegt wurden, leitet sich die Bezeichnung Lazarett ab. Im 12. Jahrhundert sammelten sich dann die leprakranken Mitglieder der Ritterorden im Lazarusorden und bil-

deten die Einheit der „lebenden Toten". Sie kämpften grundsätzlich ohne Kopfbedeckung, um ihre Gegner mit ihrem entstellten Aussehen in Panik zu versetzen, und waren, da sie nichts mehr zu verlieren hatten, besonders gefürchtet. In der Schlacht von Montgisard sollen weniger als 40 Lazarusritter die 1000 Mann starke Leibgarde Saladins so durcheinandergebracht haben, dass die Christen schließlich die Schlacht gewannen. Saladin zog sich daraufhin nach Ägypten zurück und bot König Balduin IV. von Jerusalem Friedensverhandlungen an.

war auf diese Weise Fürst von Antiochia geworden. Während ihn die anderen Fürsten als Emporkömmling behandelten, versuchte Rainald, seine Macht ohne jeden Skrupel zu vergrößern. 1156 überfiel er zusammen mit dem armenischen Fürsten Thoros II. das byzantinische **Zypern**. Er metzelte die Bevölkerung nieder, plünderte, was er kriegen konnte, steckte Kirchen und Klöster in Brand und vergewaltigte – wenn man dem Chronisten Wilhelm von Tyros glauben darf – reihenweise Nonnen und „zarte Jungfrauen". Die nötigen Geldmittel hatte er sich beschafft, indem er den gebrechlichen Patriarchen, das geistliche Oberhaupt von Antiochia, auf den Kopf hatte schlagen lassen und danach seine Wunden mit Honig bestrichen und ihn so lange den Insekten und der Hitze ausgesetzt hatte, bis der alte Mann nachgab. 1160 unternahm Rainald Raubzüge durch Gebiete, die von syrischen und armenischen Christen bewohnt waren, aber zum Reich Nur ad-Dins gehörten. Er wurde jedoch von Nur ad-Dins Bruder gefangen genommen und für mehr als 15 Jahre in Aleppo eingekerkert. Doch nach Nur ad-Dins Tod kaufte ihn der byzantinische Kaiser Manuel, der Mann seiner Stieftochter Maria, 1175 frei. Mittlerweile war Konstanze gestorben und Antiochia hatte Rai-

Rainald lässt den Patriarchen von Antiochia auf dem Dach der Zitadelle foltern

nald an seinen Stiefsohn Bohemund III. verloren. Also heiratete er eine Witwe namens Stephanie von Milly, die ihm einige Festungen im südlichen Jordantal einbrachte. Von dort unternahm er wieder Raubzüge auf muslimisches Gebiet, obwohl er damit den Waffenstillstand mit Saladin verletzte. Der beschwerte sich bei **Balduin IV.** (1161–85) von Jerusalem, der 1174 seinem Vater Amalrich auf den Thron gefolgt war.

Rainald ließ sich jedoch weder vom König stoppen noch von der Tatsache, dass Saladins Bruder **al-Adil** (1145–1218) einige seiner Leute gefangen nahm und hinrichten ließ. 1186 überfiel er wieder eine Karawane. Unterdessen hatte Balduins Schwester **Sibylle** (um 1160–90) **Guido von Lusignan** (†1194) geheiratet, einen französischen Ritter, der erst wenige Jahre zuvor nach Outremer

Balduin IV. von Jerusalem war seit seinem zehnten Lebensjahr **leprakrank**. Trotzdem ließ er sich nicht verdrängen und bemühte sich nach Kräften, sowohl den Sumpf der Intrigen im Königreich zu ordnen als auch den Abwehrkampf gegen die Muslime zu organisieren. Bei dem großen Sieg von Montgisard 1177 kämpfte er noch persönlich inmitten seiner Leibwache der „lebenden Toten". 1182 verschlimmerte sich seine Lepra. Vollkommen entstellt, die Gliedmaßen schon abgestorben und erblindet führte der in Tücher gehüllte König die Regierungsgeschäfte weiter und ließ sich sogar auf die Schlachtfelder tragen. Seine Pfleger schützten sich mit Essigmasken vor der Ansteckung und dem Gestank, der von ihm ausging.

Balduin IV. entdeckt Lepra

gekommen war und deshalb von den einheimischen Adelsfamilien abgelehnt wurde. Als sowohl Balduin IV. wie auch Sibylles kleiner Sohn aus erster Ehe, Balduin V. (1177–86), kurz nacheinander starben, war Sibylle die Erbin. Deren Mann Guido aber, den alle Chronisten als extrem unfähig beschreiben, hatte der verstorbene König Balduin IV. von der Thronfolge ausgeschlossen. Eine Adelsopposition rund um den Grafen **Raimund III. von Tripolis** (1140–87) plädierte dafür, dass dies auch so bleiben sollte. Die Gegenpartei rund um Sibylle, Guido und den Patriarchen von Jerusalem jedoch verschloss die Tore von Jerusalem, bevor die Opposition eingetroffen war, und vollzog in aller Eile die Krönung Sibylles. Nach der Krönung forderte der Patriarch die neue Königin auf, sich einen Mann zu wählen, der mit ihr regieren solle, worauf sie Guido erkor. Bei diesem beschwerte sich Saladin nun erneut über Rainald von Chatillon. Doch Guido wagte wegen seiner unsicheren Position nicht, gegen Rainald vorzugehen, und erklärte sich für nicht zuständig. Daraufhin betrachtete Saladin den Waffenstillstand als endgültig gebrochen und begann, ein Heer zu sammeln. Wie groß Saladins eigene Entschlossenheit gewesen war, die Kreuzfahrerstaaten zu erobern, darüber kann nur spekuliert werden. Tatsache ist, dass er vor 1186 mehrmals mit ihnen Friedensverträge abgeschlossen hatte, die immer von christlicher Seite gebrochen worden waren. Eine Ausnahme bildete Raimund III. von Tripolis. Raimund, von Chronisten als langer, hagerer Mann mit dunklen Haaren, dunkler Haut und riesiger Nase beschrieben, hatte früher gegen Nur ad-Din gekämpft, war gefangen genommen, neun Jahre in Aleppo eingekerkert und schließlich frei-

! Dschihad

Der Dschihad, der Kampf um eine Ausbreitung des islamischen Machtbereichs – der aber keine Zwangsbekehrung der Unterworfenen einschloss – gehörte von Anfang an zu den Grundprinzipien des Islam. Deshalb schlossen die Machthaber im Nahen Osten mit den Kreuzrittern immer nur Waffenstillstände, aber keine Friedensverträge. Diese wurden von ihnen in der Regel eingehalten, während die Kreuzritter die meisten brachen. Auch Saladin und seine Nachfolger al-Adil und al-Kamil hatten sich offiziell dem Dschihad verschrieben. In der Realität zeigten sie sich jedoch zur Verständigung mit den Christen bereit.

gekauft worden. Während seiner Gefangenschaft hatte er Arabisch gelernt. Nach seiner Freilassung verständigte er sich mit Saladin und den lokalen muslimischen Fürsten auf eine friedliche Koexistenz. Von 1174 bis 1176 war er Regent für den jungen Balduin IV. gewesen. Als dieser starb und die christlichen Staaten wegen der Thronquerelen in einer äußerst verwundbaren Situation waren, gelang es Raimund nochmals, den Friedensvertrag mit Saladin zu bekräftigen. Doch dann machten die Skrupellosigkeit Rainalds und die Unfähigkeit Guidos alles zunichte.

Die Schlacht von Hattin

Saladin zog nach **Tiberias**, belagerte die Stadt und konnte sie am 2. Juli einnehmen. Nur die Zitadelle wurde weiterhin von der Herrin der Stadt, Eschiva von Bures, gehalten. König Guido beschloss daraufhin, nach Tiberias zu ziehen und Saladin dort eine Schlacht zu liefern, obwohl ausgerechnet der Ehemann der eingeschlossenen Eschiva, der erfahrene und realistische Raimund von Tripolis, vehement davor warnte, da der Marsch nach Tiberias in der Julihitze durch nahezu wasserloses Land einem Selbstmord gleichkam. Doch der unselige Rainald von Chatillon und Gerhard von Ridfort (†1189), der **Großmeister der Templer**, drängten

König Guido zum Angriff. Gerhard von Ridfort drohte dem König sogar, mit allen Templern abzuziehen. Angeblich tat er das, um persönliche Rache an Raimund von Tripolis zu nehmen, der ihm, bevor Gerhard Ordensritter wurde, die Hand einer reichen Erbin versprochen, sein Wort jedoch nicht gehalten hatte. Jedenfalls gab Guido nach. Als das christliche Heer aber bei Tiberias ankam, war es, wie Raimund prophezeit hatte, von Hitze und Wassermangel völlig erschöpft. **Saladin** ließ zusätzlich das Buschwerk in Brand setzen, um die Verhältnisse noch unerträglicher zu machen. Die Christen versuchten, zum See Genezareth durchzubrechen, doch Saladin kesselte das

? Schon gewusst?

Bei der **Schlacht von Hattin** ging auch das angebliche **Kreuz Christi** verloren. Während der muslimischen Besatzung Jerusalems hatten die syrischen Christen es versteckt gehalten, waren aber von den Kreuzfahrern 1099 durch Folter gezwungen worden, es herauszugeben. Danach wurde die Reliquie bei allen bedeutenden Schlachten mitgeführt. Nach dem Verlust bei Hattin versuchten die Kreuzritter dann immer wieder, es durch Geldgebote, Erpressung oder Kämpfe zurückzubekommen, was aber nicht gelang. Nur angebliche Splitter tauchten auf. Lästerer sagen, in den katholischen Reliquiensammlungen gebe es so viele Splitter, dass sie für mehrere Kreuze reichten.

Die Schlacht von Hattin

Heer am 4. Juli 1187 bei zwei Hügeln, den „Hörnern von Hattin", ein und besiegte es. König Guido wurde gefangen genommen, aber von Saladin ritterlich behandelt und wieder freigelassen, während der Sultan Rainald umbrachte – einigen Quellen zufolge eigenhändig. Eschiva ergab sich nach der Niederlage, wurde aber von Saladin gegen ein Lösegeld freigelassen. Auch ihr Mann Raimund hatte die Schlacht überlebt, starb aber wenig später an einer Brustfellentzündung.

Der Fall Jerusalems

Danach begann Saladin einen Siegeszug durch Palästina und nahm über 50 Städte ein. Die Einwohner wurden in die Sklaverei verkauft, was bald zu einem solchen Überangebot führte, dass ein Sklave nicht einmal mehr so viel wert war wie ein Paar Schuhe. Am 7. Oktober ergab sich auch **Jerusalem** gegen die Zusicherung, dass das Leben der Bürger geschont würde und sie sich samt ihrem Besitz **freikaufen** könnten. Saladin stellte Wachen auf, damit sich niemand an den Einwohnern und ihrer Habe vergriff. Um diejenigen, die selbst nicht genug Geld besaßen, um sich freizukaufen, kam es allerdings zu einem regelrechten Geschacher. Saladin ging davon aus, dass die vermögenden Christen für ihre Glaubensgenossen einspringen würden, und senkte, um ihnen entgegenzukommen, den Preis immer weiter. Doch diese brachten nur das Lösegeld für 7000 Gefangene auf, obwohl zumindest der Patriarch und die Ritterorden über große Schätze verfügten. Saladin soll schließlich alle Alten, Witwen und Waisen umsonst freigelassen und sein Bruder al-Adil 1000 Menschen ausgelöst und ebenfalls freigelassen haben. Trotzdem blieben noch etwa 15.000 Menschen übrig. Die Männer wurden in die Sklaverei verkauft, die Frauen im Heer als sexuelle Beute aufgeteilt. Die freigekauften europäischen Christen aber wurden zu den Häfen geleitet und mussten das Land verlassen. Orientalische Christen und Juden dagegen durften bleiben. Anschließend eroberte Saladin große Teile von Tripolis und Antiochia.

Friedrich Barbarossa

Angeblich soll Papst **Urban III.** (Umberto Crivelli, reg. 1185–87) vor Kummer gestorben sein, als man ihm die Nachricht vom Fall Jerusalems überbrachte. Das Fiasko im Heiligen Land ließ schnell den Ruf nach einem neuen Kreuzzug laut werden. Noch im selben Jahr schickte **Wilhelm II.** von Si-

Richard I. Löwenherz

zilien 50 Galeeren los, die halfen, wenigstens einen Teil von Tripolis zu halten. Aber auch die drei mächtigsten Fürsten Westeuropas, die Könige von England und Frankreich sowie der deutsche Kaiser, sagten ihre Unterstützung zu. Zwar starb Heinrich II. von England noch vor dem Aufbruch, aber sein Sohn **Richard Löwenherz** (1157–99) sprang für ihn in die Bresche. Andernfalls wäre möglicherweise das ganze Unternehmen gefährdet gewesen, denn England und Frankreich lagen derart miteinander im Streit über den englischen Besitz in Frankreich, dass es undenkbar war, dass der äußerst gerissene französische König Philipp II. (1165–1223) in den Orient zog, womit er seinem Rivalen zu Hause das Feld überlassen hätte.

Isaaks falsches Spiel

Kaiser Friedrich Barbarossa brach am 11. Mai 1189 in Regensburg mit vermutlich 25.000 Mann auf. Der Weg schien diesmal sicherer als die beiden Male zuvor. Nicht nur der byzantinische Kaiser **Isaak II. Angelos** (1155–1204), sondern auch der seldschukische Sultan **Kilidsch Arslan II.** von Iconium hatten Friedrich freien Durchmarsch zugesagt.

Während des Zuges durch Österreich und Ungarn soll sich das Heer des Kaisers auf bis zu 100.000 Menschen vergrößert

Barbarossa als Kreuzfahrer

haben. Probleme gab es, als es die Grenze zu Byzanz überschritt. Isaak II., ein völlig prinzipienloser Herrscher, der in seinem Leben noch einige 180-Grad-Wenden machen sollte, hatte sich inzwischen mit Sultan Saladin verständigt und verwehrte dem Kreuzfahrerheer den Durchmarsch. Friedrich versuchte es zunächst mit Verhandlungen. Als sich Isaak dem entzog, begann er, Städte zu erobern und zu plündern. Schließlich kontrollierte er das Land rings um Konstantinopel. Als er auch noch begann, mit dem serbischen Großzupan Stefan Nemanja und einigen weiteren byzantinischen Vasallen über einen gemeinsamen Angriff auf Konstantinopel zu verhandeln, gab Isaak nach. Er stellte den Kreuzfahrern Lebensmittel und Schiffe zur Verfügung, damit sie den Hellespont passieren konnten. Mittlerweile war es Ende März 1190.

Das im Mittelalter sehr bedeutende und immer prachtvoll gefeierte Pfingstfest konnten die Kreuzfahrer am ungarischen Königshof in Pressburg (Bratislava) begehen. Es gab sogar noch einen Grund mehr zu feiern: Friedrich von Schwaben, der 22-jährige Sohn des Kaisers, wurde mit der ungarischen Prinzessin Konstanze (um 1180–1240) verlobt. Friedrich starb jedoch im Heiligen Land an Malaria und Konstanze musste 1198 den 25 Jahre älteren böhmischen König Ottokar I. heiraten, dessen erste Frau sich zudem nicht mit ihrer Verstoßung abfinden wollte.

Tod beim Baden

Auch in **Kleinasien** wartete eine böse Überraschung. Kilidsch Arslan II. (†1192) hatte die Macht mittlerweile seinem ältesten Sohn überlassen und dieser hatte ebenfalls ein Bündnis mit Saladin geschlossen. Die Kreuzfahrer konnten die Türken jedoch mehrmals schlagen und kamen Ende Mai nach **Kilikien**. Dort hatte sich inzwischen ein armenisches Reich gebildet, das mit den Kreuzfahrern verbündet war. Kurz bevor das Heer die armenische Hauptstadt Seleucia (Silifke) erreicht hatten, ertrank der Kaiser jedoch beim Baden im Fluss **Saleph** (Göksu). Vermutlich war er erschöpft und erlitt im kalten Gebirgswasser einen Herzinfarkt. Seine Anhänger versuchten, seinen Leichnam in Essig zu konservieren, um ihn zurück nach Deutschland zu bringen, was aber nicht gelang. Schließlich setzten sie Herz und Eingeweide in Tarsos bei, das Fleisch in der Peterskirche in Antiochia und die Knochen in der Kathedrale von Tyros. Von Antiochia aus kehrten die meisten seiner Gefolgsleute auf dem Seeweg nach Hause zurück. Nur ein kleiner Teil zog, geführt von seinem Sohn Friedrich von Schwaben, weiter nach Akkon.

Richard I. von England

Philipp von Frankreich und Richard von England brachen am 1. Juli 1190 gemeinsam in Vézelay auf. Vor allem der englische König war perfekt ausgerüstet. Für sein Abenteuer hatte er den Zehnt von ganz England kassiert und zudem königlichen Besitz verkauft. Die beiden segelten zunächst nach **Sizilien**. Dort war Richards Schwager Wilhelm II. im Vorjahr gestorben und seine Witwe Johanna wurde von dem neuen König

In der Überlieferung, z. B. im Robin-Hood-Mythos, gilt **Richard Löwenherz** vielfach als Idealbild des edlen Ritters. Dazu stilisierte bereits er sich selbst. Wie seine Mutter umgab er sich mit Troubadouren, die ihn zu einer Art Nachfolger von König Artus verklärten. Zweifellos war er ein charismatischer Mensch mit großer Bildung und viel militärischer Tapferkeit, die ihm schon zu Lebzeiten den Beinamen „Löwenherz" einbrachte. Auch äußerlich beschreiben ihn die Chronisten als rotblonden Bilderbuchrecken mit ungeheuren Kräften. Politisch war er jedoch oft ungeschickt und ignorant und seinen Gegnern gegenüber verhielt er sich je nach Laune und persönlicher Sympathie entweder großzügig und ritterlich oder arrogant und grausam. Sein Rivale Philipp von Frankreich dagegen war ein äußerst nüchterner Mann, ein Stratege mit messerscharfem Verstand, viel zu klug, um sein Leben im Schlachtengetümmel zu riskieren, wenn es nicht sein musste, dabei skrupellos und folglich unbeliebt, aber am Ende erfolgreich. Auch die muslimischen Chronisten, denen Richards Tapferkeit und militärisches Geschick sehr imponierte, sind der Meinung, der englische König sei Philipp an Würde und Macht unterlegen gewesen.

Richard I. Löwenherz und Saladin

Tankred von Lecce (1138–94), einem Cousin ihres Mannes, gefangen gehalten. Richard eroberte Messina, befreite seine Schwester, schloss dann aber Frieden mit Tankred und überwinterte in Sizilien. Im Frühjahr kam auch Richards Mutter **Eleonore von Aquitanien** nach Sizilien und brachte eine Braut für ihren Sohn mit, Berengaria von Navarra (um 1170–1230). Zwar war Richard schon mit Alice (um 1170–1218), der Schwester Philipps, verlobt, aber er behauptete, sie habe mit seinem Vater geschlafen. Ob das stimmt, ist unsicher, auf jeden Fall aber scheint es Richards Vater Heinrich II. gewesen zu sein, der die Verbindung mit Frankreich wünschte, während Eleonore und Richard sie heftig ablehnten.

Die Eroberung Zyperns

Am 30. März 1191 brach zunächst Philipp auf, am 10. April auch Richard. Vor Kreta geriet er in einen Sturm. Ein Teil seiner Flotte wurde Richtung Zypern abgetrieben und strandete bei Limassol. An Bord waren unter anderem Richards eben gerettete Schwester Johanna, seine Verlobte

Berengaria und seine Kriegskasse. Auf Zypern regierte **Isaak Komnenos** (um 1160–1194), ein Großneffe des früheren byzantinischen Kaisers Manuel. Dieser lud die Frauen in seinen Palast ein und akzeptierte zwar deren Antwort, lieber auf den Schiffen bleiben zu wollen, jedoch nahm er die Kriegskasse an sich. Als Richard in Zypern eintraf, verweigerte Isaak die Herausgabe. Also griff Richard zu den Waffen, eroberte Zypern, setzte Isaak gefangen und nahm nun dessen Staatsschatz an sich. Am 5. Juni 1191 segelte er nach Palästina weiter. 1192 wurde Zypern unter der Herrschaft der Familie Lusignan zum Königreich. Künftige Kreuzzüge nutzten die Insel dann oft als bequemen Ausgangspunkt. Auch die Versorgung der Kreuzfahrer wurde durch das fruchtbare Zypern, das damals eine Kornkammer war, sehr viel leichter und besser.

Der Kampf um Akkon
Im Heiligen Land belagerte der ehemalige König Guido seit August 1189 die Festung Akkon.

! Saladin

Das Verhalten Saladins – mit vollem Namen Salah ad-Din Yusuf ibn Aiyub (Ehre des Glaubens, Yusuf, Sohn des Ayyub) – bei der Eroberung Jerusalems stand in krassem Gegensatz zu dem der christlichen Eroberer beim Ersten Kreuzzug. Zwar ließ er im Rahmen seiner Eroberungen auch viele Gefangene hinrichten oder in die Sklaverei verkaufen, doch insgesamt nahmen ihn die Kreuzfahrer als so ritterlich wahr, dass er in der Folge in Europa **verklärt** und zum Idealbild eines Herrschers gemacht wurde. In Lessings Drama *Nathan der Weise* verkörpert er den toleranten und aufgeklärten Islam. Zeitgenössische Quellen beschreiben Saladin als eher schmächtigen Mann mit kurzem, gepflegtem Bart, der stets höflich, ruhig und kultiviert auftrat, bescheiden lebte und sowohl große Warmherzigkeit wie auch Melancholie ausstrahlen konnte.

Saladin, Miniatur von 1180

Aber Guido war kein guter Feldherr und Saladin offenbar nicht daran interessiert, die Reste der Kreuzfahrerstaaten zu vernichten. Die Chroniken berichten jedenfalls von einem äußerst merkwürdigen und lustlosen Kampf. Der islamische Chronist Baha ad-Din (1145–1234) schildert, dass die Kämpfer beider Seiten in den Kriegspausen freundschaftlich miteinander verkehrten. „Es wurde gesungen und getanzt, und man gab sich der Freude hin; kurz, die beiden Parteien wurden Freunde, bis einen Augenblick danach wieder der Krieg begann." Während dieser Belagerung brach im Lager der Christen eine Epidemie aus, an der sowohl die ehemalige Königin Sibylle als auch ihre einzige Tochter starben. Nun stellte sich die Frage: War immer noch Guido der nominelle König der verlorenen Stadt? Oder waren es Sibylles jüngere Schwester **Isabella** (1170–1205) und deren Gatte **Humfried IV. von Toron** (um 1166–92)? Humfried hatte sich jedoch schon einmal, bei Sibylles Krönung im Jahr 1186, geweigert, Thronkandidat der Gegenpartei Guidos zu werden. Die Chroniken stellen ihn als liebenswürdig und gebildet, aber vollkommen unkriegerisch dar, was verwundert, da er mit etwa zehn Jahren den unseligen Rainald von Chatillon zum Stiefvater bekommen hatte. Da Humfried aber nicht gegen Guido zu gebrauchen war, zwangen die Fürsten von Jerusalem und Isabellas Mutter, Maria Komnena, den Patriarchen von Jerusalem dazu, Isabellas Ehe – gegen den Willen beider Ehegatten – zu annullieren. Als offiziellen Grund schob man die Minderjährigkeit der Braut bei der Eheschließung vor, obwohl Kinderehen im Adel damals gang und gäbe waren. Der Zwangsscheidung folgte eine Zwangsehe. Isabella musste statt des freundlichen Humfried **Konrad von Montferrat** (um 1146–92) heiraten, den die islamischen

Kreuzfahrerfestung in Akkon

Chroniken einen „wahren Dämon" nennen, und sagen, er sei „einer der gottlosesten der Ungläubigen, ein Unglückssatan, böser als ein Wolf, gemeiner als ein Hund". Dass Konrad schon eine Frau hatte, „übersah" der Patriarch großzügig. Stattdessen zählte, dass sich Konrad als erfolgreicher Krieger erwiesen und 1188 Tyros befreit hatte.

Im Oktober 1190 kamen dann die deutschen Kreuzfahrer König Guido bei der Belagerung Akkons zu Hilfe, im April 1191 Philipp von Frankreich mit seinen Truppen und einige Wochen später auch Richard Löwenherz. Dank der französischen und englischen Schiffe war nun auch eine Belagerung von See aus möglich. Unterdessen waren in der Stadt Seuchen ausgebrochen. Außerdem hatten die Belagerer das Wasser abgegraben und die Stadtmauern unterminiert. Deshalb gab Saladin am 12. Juli seine Zustimmung, dass sich die Stadt ergab. Ein Blutbad fand diesmal nicht statt. Die Sieger forderten jedoch ein hohes Lösegeld für die Bewohner.

Nach dem Sieg reiste das deutsche Kontingent sofort beleidigt ab. Der Grund: Richard Löwenherz empfand es als Anmaßung, dass der deutsche Anführer **Leopold V. von Österreich** (1157–94) seine Flagge neben der englischen und französischen auf der Zitadelle von Akkon hisste. Denn

? Schon gewusst?

In der Schlacht um Akkon soll sich Herzog Leopold V. von Österreich seinen weißen Burnus, den er als Schutz vor der Sonne über dem Panzerhemd trug, so beschmutzt haben, dass er danach blutrot war und nur dort, wo sich der Schwertgurt befunden hatte, einen weißen Streifen aufwies. Angeblich ist das der Ursprung von **Österreichs Nationalflagge**.

schließlich war Leopold nur Herzog und zudem hatten die dezimierten Deutschen eher wenig zum Sieg beigetragen. Richard ließ das Banner herunterholen und in den Burggraben werfen, was sich noch rächen sollte. Auch König Philipp kehrte wenig später nach Frankreich zurück – ob eine Krankheit oder die Regelung einer wichtigen Erbfolgeangelegenheit der Grund war, ist umstritten –, unterstellte den größten Teil seines Heeres aber Richard.

Unterdessen intrigierte der Jerusalemer Thronaspirant Konrad von Montferrat gegen die Kreuzritter. Er bemühte sich um einen Separatfrieden mit Saladin und nutzte dafür die Gefangenen von Akkon als Verhandlungsmasse. Umstritten ist, ob Richard Löwenherz deshalb 2700 seiner muslimischen Gefangenen, darunter auch viele Frauen und Kinder, enthaupten ließ oder weil das Lösegeld für sie nicht rechtzeitig eintraf. Saladin griff daraufhin Akkon an, konnte jedoch zurückgeschlagen werden. Am 7. September kam es zu einer weiteren Schlacht bei Arsuf in der Nähe des heutigen Tel Aviv, die Richard gewann. Anschließend eroberte Richard **Jaffa**. Diese ganzen Aktionen wurden so gekonnt und verwegen durchgeführt, dass auch seine Feinde ihm große Bewunderung zollten. Anschließend ließ Richard zerstörte Burgen wieder aufbauen, um sich eine Machtbasis und gesicherte Nachschubwege aufzubauen. Saladin zerstörte seine eigene Festung **Askalon**, damit sie nicht in die Hände der Kreuzritter fiel, und zog sich nach Jerusalem zurück. Richard marschierte auf die Stadt zu, entschied dann aber, dass ein Angriff zu riskant sei. Neben Saladins Stärke spielte wohl auch das extrem regnerische Winterwetter eine Rolle, das die Wege in Schlammwüsten verwandelte, die Lebensmittelvorräte faul, die Waffen rostig und die Kämpfer krank machte. Richard kehrte also wieder um, doch diese militärisch sinnvolle Entscheidung machte ihn im Heer extrem unbeliebt, da die Mehrheit der Kreuzfahrer nur ihr **Gelübde erfüllen**, Jerusalem einnehmen und dann nach Hause zurückkehren wollte. Dass Jerusalem selbst nach einem Sieg kaum lange zu halten gewesen wäre, war für das Gelübde irrrelevant.

Der Tod Konrads

Doch auch Richard Löwenherz begann die Zeit davonzulaufen. Im April 1192 erhielt er die Nachricht, dass sein jüngerer Bruder **Johann Ohneland**, den er als Regenten zurückgelassen hatte, immer offener den Thron für sich beanspruchte, und zudem Philipp von Frankreich begann, sich Teile des englischen Besitzes auf dem Kontinent unter den Nagel zu reißen. Richard begann, mit Saladin und al-Adil zu verhandeln. Dazu verbündete er sich mit Humfried IV. von Toron, dem ersten Ehemann von Isabella, der fließend Arabisch sprach und ihm als Dolmetscher dienen konnte. Gleichzeitig versuchte Richard, den Streit um die Krone Jerusalems zu lösen. Auf einem Konzil, das er einberief, wählten die Fürsten und hochrangigen Kleriker Konrad von Montferrat zum neuen König. Richard gab nach und fand seinen ursprünglichen Favoriten Guido ab, indem er ihm Zypern verkaufte, welches dieser zum Königreich machte.

Doch keine zwei Wochen nach seiner Wahl wurde König Konrad auf offener Straße von zwei Assassinen ermordet. Da diese sich sonst sehr selten an Christen vergriffen, gab es damals und gibt es heute noch den Verdacht, dass Christen dahintersteckten. Die muslimischen Chronisten glauben mehrheitlich, Richard sei der Auftraggeber gewesen. Aber auch Isabellas erster Gatte Humfried oder Isabella selbst gehören zum Kreis der Verdächtigen. Humfried hatte aber auch diesmal wieder das Nachsehen. Nur wenige Tage nach dem Attentat verheiratete Richard Löwenherz Konrads schwangere Witwe mit Zustimmung der Jerusalemer Fürsten an seinen Neffen **Heinrich II. von der Champagne** (1166–97). Der unglückliche Humfried starb vermutlich kurz darauf. Wie, ist unbekannt. Und die muslimischen Chronisten drücken ihren tiefen Abscheu darüber aus, dass bei den Christen ein Mann mit einer Frau schlafen durfte, die von einem anderen schwanger war.

Der Kompromiss

Am 2. September 1192 führten Richards diplomatische Bemühungen schließlich zum Erfolg. Er schloss ein Abkommen mit Saladin. Jerusalem blieb muslimisch, doch den christlichen Pilgern wurde freier Zugang gewährt. Dafür durfte Richard seine Eroberungen an der Küste – Akkon und Jaffa – behalten. Damit war immerhin die christliche Präsenz im Heiligen Land gesichert, zumal mit Zypern auch noch ein militärisch wichtiger Stützpunkt dazukam. Auch dem religiösen Bedürfnis nach Wallfahrten nach Jerusalem

 ## Faire Gegner

Der Legende nach sollen sich **Richard Löwenherz** und **Saladin** persönlich begegnet und sogar Freunde geworden sein. Das stimmt nicht. Doch sie behandelten einander mit großer Achtung. So habe Saladin dem erkrankten Richard einmal die Dienste seines Leibarztes angeboten sowie ihm neue Pferde geschenkt, als ihm seine Schlachtrösser ausgegangen waren. Die Verhandlungen über einen Waffenstillstand führte allerdings nicht Saladin, sondern sein Bruder al-Malik al-Adil Sayf al-Din Abu Bakr ibn Ayyub, der als Chefunterhändler, Militärstratege und Verwaltungschef von Ägypten Saladins rechte Hand war und viel Anteil an dessen Erfolgen hatte. Al-Adil lud Richard zu glanzvollen Festen ein, tauschte Ehrengeschenke aus und zeigte sich auch gesprächsbereit, als Richard allen Ernstes vorschlug, er solle seine Schwester Johanna heiraten und mit ihr gemeinsam über das Heilige Land herrschen. Vermutlich aber war es al-Adils Taktik, die Verhandlungen in die Länge zu ziehen, um Richard einerseits von neuen Kämpfen abzuhalten und ihn andererseits unter Zeitdruck zu setzen, da allen klar war, dass der englische König nicht ewig im Heiligen Land bleiben konnte. Johanna jedenfalls weigerte sich vehement, einen Moslem zu heiraten. Richard erkundigte sich daraufhin bei al-Adil, ob er sich einen Übertritt zum Christentum vorstellen könne, was Saladins Bruder aber höflich verneinte.

konnte wieder nachgekommen werden. Der Prestigeerfolg der Eroberung Jerusalems, den sich die Päpste und die europäischen Herrscher gewünscht hatten, war jedoch ausgeblieben. Im Gegenteil: Es hatte sich einerseits gezeigt, dass die Moslems nach der weitgehenden Einigung unter Saladin kaum noch besiegbar waren und dass die Zerstrittenheit der europäischen Fürsten und ihr jeweiliger Machtanspruch den propagierten Zielen im Weg standen.

Das Nachspiel

Richard Löwenherz verließ Palästina am 9. Oktober. Da die gefürchteten Winterstürme im Mittelmeer vor der Tür standen,

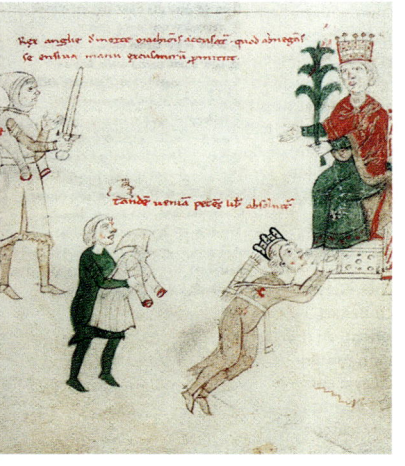

Richard Löwenherz wird begnadigt und küsst Heinrich VI. die Füße

musste er möglichst schnell wieder an Land gehen. Doch er hatte viele Gegner. Die Allianz mit Byzanz war inzwischen völlig zerbrochen. Philipp II. von Frankreich hatte all seine Häfen sperren lassen und Kaiser **Heinrich VI.** betrachtete ihn ebenfalls als Feind, weil Richard seine ärgsten innenpolitischen Gegner, die Welfen, und seinen Rivalen in Sizilien, Tankred von Lecce, unterstützte. Und dann war da noch Leopold von Österreich. Richard ging bei Aquileja an Land und schlug sich als Kaufmann verkleidet durch. In Wien wurde er jedoch **festgenommen** und von Leopold V. an Kaiser Heinrich verkauft. Als Grund schob man die Ermordung Konrad von Montferrats vor. Obwohl der Papst Leopold und Heinrich mit der Exkommunikation drohte, weil sie sich an einem Kreuzfahrer vergriffen hatten, und auch sonst große Empörung über diese Tat herrschte, dauerte es bis zum 4. Februar 1194, bis Richard endlich freikam. Denn Philipp II. von Frankreich, der inzwischen energisch die Rückeroberung des englischen Besitzes in Frankreich betrieb, verwendete sich beim Kaiser dafür, den Rivalen möglichst lange mattzusetzen. Schließlich kam Richard dann aber doch gegen ein **Lösegeld** frei, das ungefähr dem doppelten Jahreseinkommen der englischen Krone entsprach.

? Schon gewusst?

Richards Gefangenschaft wurde später mit dem Robin-Hood-Mythos verbunden. Angeblich saugte Johann Ohneland England aus, um das Lösegeld zusammenzubekommen, steckte es dann aber in die eigene Tasche. Der edle Räuber **Robin Hood** machte diesem Treiben ein Ende, sodass Richard nach England zurückkehren konnte. In Wahrheit lehnte Johann offen ab, Lösegeld für seinen Bruder zu bezahlen. Bei der Mutter, Eleonore, verkaufte dagegen den gesamten Kronschatz, um die geforderte Summe zusammenzubekommen. Richard versöhnte sich nach der Rückkehr mit Johann, überließ diesem wieder die Regierung Englands und beschäftigte sich mehr mit den französischen Besitzungen und dem Kampf gegen Philipp von Frankreich. Robin Hood dagegen war in den älteren Geschichten ein Anarchist, der nur den lokalen Machthaber, den Sheriff von Nottingham, bekämpfte. Unter welchem König das stattgefunden haben soll, spielte für die Geschichten keine Rolle.

Der Kreuzzug Heinrichs VI.

Da Kaiser Friedrich Barbarossa während des Dritten Kreuzzuges frühzeitig gestorben war und nicht mehr für Impulse sorgen konnte, beschloss sein Sohn **Heinrich VI.** (1165–97), das Unternehmen fortzuführen. Außerdem waren die Voraussetzungen günstig: Saladin war 1193 gestorben und unter seinen Verwandten ein Bürgerkrieg um die Nachfolge ausgebrochen. Obendrein war der Waffenstillstand, den Richard Löwenherz ausgehandelt hatte, 1195 offiziell ausgelaufen. Heinrich dagegen stand – nicht nur wegen des reichen Lösegeldes für Richard Löwenherz – glänzend da. Er war mit der Erbin Si-

Barbarossa mit seinen Söhnen, links Heinrich VI.

ziliens verheiratet und das Kaiserreich hatte unter seiner Herrschaft

75

seine größte Ausdehnung. Heinrich hatte vor, es in eine straff regierte Erbmonarchie umzuwandeln. Außerdem schielte er nach Byzanz. Seit Friedrich Barbarossa sich dort 1190 gewaltsam seinen Weg durchgekämpft hatte, war

das Reich weiter geschwächt worden: durch Angriffe der Rumseldschuken, durch Aufstände der Serben, Bulgaren und Wallachen und durch Bürgerkriege um die Königswürde. Der unfähige und skrupellose Isaak II. Angelos war 1195 von seinem eigenen Bruder gestürzt, geblendet und eingekerkert worden. Heinrich plante, Byzanz einzunehmen und dort seinen Bruder Philipp von Schwaben (1177–1208), der mit einer Tochter Isaaks II. verheiratet war, zum neuen Herrscher zu machen. Der Sieg im Heiligen Land sollte die Herrschaft über das östliche Mittelmeer abrunden. Auf Drängen des Papstes zog Heinrich dann den Kreuzzug seinen Plänen für Byzanz vor, schaffte es aber allein mit Drohungen, sowohl den neuen Kaiser **Alexios III. Angelos** als auch die Kalifen von Tunis und Tripolis zur Zahlung von hohen Tributen zu nötigen. Außerdem nutzte er sein „Kreuzfahrerheer" noch, um in Sizilien einen Aufstand niederzuschlagen. All seine weiteren Pläne scheiterten jedoch, weil er kurz vor seinem Aufbruch am 28. September 1197 in Messina **starb**, vermutlich an Malaria oder Ruhr. Ein Teil seines Heeres war allerdings schon aufgebrochen. Unter Führung von Heinrichs Kanzler **Konrad von Querfurt** (um 1160–1202) vertrieben sie gemeinsam mit den einheimischen Christen muslimische Piraten aus Beirut, eroberten die Stadt und mehrere andere, darunter Sidon. Als aber die Nachricht vom Tod des Kaisers durchsickerte, kehrten die meisten Adligen heim, um sich beim Thronwechsel ihre Rechte zu sichern. Vorher gelang es aber noch, einen fünfjährigen Waffenstillstand mit Saladins Bruder Al-Adil zu schließen, der ihre Eroberungen bestätigte.

Exkurs:
Die Ritterorden

Trotz aller Grausamkeiten, die im Rahmen der Kreuzzüge begangen wurden, und trotz allen persönlichen Machtstrebens der Führer kam im Rahmen der Kreuzzüge ein **neues Ritterideal** auf: der edle Kämpfer, der selbstlos nicht für weltliche, sondern für geistige Ziele eintritt. Ein Streiter Gottes und Beschützer der Schwachen

Siegel des Templerordens

und Bedrängten. Seine deutlichste Ausprägung erfuhr dieses Ideal durch die Gründung der Ritterorden, deren Mitglieder **kämpfende Mönche** waren. Drei dieser Orden beeinflussten die europäische Geschichte in beträchtlichem Ausmaß.

Die Johanniter
Als erster dieser Orden entstand der **Orden vom Spital des heiligen Johannes in Jerusalem.** Dieses Spital, das kranke Pilger versorgte, war vermutlich schon in der ersten Hälfte des 11. Jahrhunderts gegründet worden. Nach der Eroberung Jerusalems im Jahr 1099 schloss sich eine beträchtliche Anzahl von Rittern der Mönchsgemeinschaft an, die die Krankenpflege betrieb. Anfangs trugen die Brüder einfache, schwarze Mönchskutten und widmeten sich ganz den Kranken. Doch etwa ab 1120 begannen sie sich nach dem **Vorbild der Templer** auch als Ritter zu engagieren, etwa bei der militärischen Sicherung der Kreuzfahrerstaaten und dem bewaffneten Schutz von Pilgern. Schon fünfzig Jahre später unterhielt der Orden mehrere Festungen im Land. Daneben widmete er sich allerdings weiter der Armenfürsorge. Stiftungen vieler Adliger aus Europa, die sich auf diese Weise an der Sicherung der Heiligen Stätten beteiligen wollten, machten den Orden sehr

schnell **reich**. Wie die anderen Orden auch, war er nur dem Papst unterstellt, was bedeutete, dass die Fürsten der Kreuzfahrerstaaten keine Befehlsgewalt hatten. Die Orden stellten also auch eine politische Größe in Outremer dar und es geschah immer wieder, dass sie Kriegszüge durchsetzten, wo den Fürsten ein Ausgleich mit den islamischen Nachbarn lieber gewesen wäre, oder umgekehrt, militärische Aktionen daran scheiterten, dass sie nicht mitspielten. Außerdem waren die Johanniter mit dem zweiten großen Orden, den Templern, verfeindet, sodass Entscheidungen oft mehr von dieser Rivalität beeinflusst waren als von sachlichen Erwägungen.

Schon im 12. Jahrhundert errichtete der Johanniterorden auch entlang europäischer Pilgerwege Hospitäler. Nach der erneuten Eroberung Jerusalems im Jahr 1244 begannen sich die Johanniter aus dem Heiligen Land zurückzuziehen. Nach einer Phase der Orien-

Ehemaliges Johanniterkrankenhaus auf Rhodos

> **!** **Die Sühne des Königs**
>
> Im Jahr 1170 wurde der englische Lordkanzler **Thomas Becket**, der sich König Heinrich II. widersetzt hatte, von Männern des Königs in der Kathedrale von Canterbury ermordet. Die Kirche verurteilte Heinrich dann nicht nur zu einer öffentlichen Buße mit Selbstgeißelung, sondern auch zu einer hohen Geldstrafe, die den Kreuzfahrerstaaten und dort vor allem den Ritterorden zugutekam.

tierungslosigkeit eroberten sie 1309 die zu Byzanz gehörende Insel **Rhodos**. 1312 übertrug ihnen **Papst Clemens V.** (um 1260–1314) das Vermögen des aufgelösten Templerordens. 1522 jedoch mussten die Johanniter vor den Truppen von Sultan Suleiman dem Prächtigen kapitulieren. 1530 bekamen sie von Kaiser Karl V. die Insel **Malta** geschenkt. Dort unterhielt der Orden dann eine Piratenflotte, die muslimische Schiffe im östlichen Mittelmeer plünderte. 1798 wurden die **Malteser**, wie sie inzwischen genannt wurden, von Napoleon vertrieben. Der Orden hatte jedoch über ganz Europa verstreuten Besitz und wandelte sich allmählich wieder zu einer **karitativen Organisation** zurück.

Bereits 1538 hatte ein Teil der Ordensritter den evangelischen Glau-

Die Malteser sind auch heute noch ein Ritter- und Hospital-orden mit über 10.000 Mitgliedern weltweit. Außer „Rittern" werden inzwischen auch Frauen, die „Damen", aufgenommen. Die Mönchsgelübde der Armut und sexuellen Enthaltsamkeit legen aber nur die Mitglieder des „Ersten Standes" ab. Der in Deutschland bekannte **Malteser-Hilfsdienst** wurde 1953 vom Malteserorden und der Caritas gegründet. Die **Johanniter-Unfall-Hilfe** ist eine Gründung der protestantischen Johanniter.

ben angenommen und sich abgespalten. Im Gegensatz zu den katholischen **Maltesern** führen sie den ursprünglichen Namen der **Johanniter** weiter. Auch dieser Orden existiert heute noch, umfasst knapp 4000 Mitglieder und wird derzeit von Oskar Prinz von Preußen, einem Urenkel Wilhelms II., geleitet. Die Mitglieder verpflichten sich zu einer christlichen Lebensweise, jedoch nicht zu den mönchischen Gelübden. Frauen werden nicht aufgenommen.

Wappen der Malteser und Johanniter

Die Templer

Die Templer wurden um 1118 von einer Handvoll französischer Ritter rund um Hugo von Payns und Gottfried von Saint-Omer gegründet. Sie nannten sich **Arme Ritter Christi** und verpflichteten sich in ihren Ordensgelübden zu Armut,

Templerkreuz

sexueller Enthaltsamkeit und Gehorsam – also den klassischen Mönchsgelübden –, aber auch zum militärischen Schutz der Pilger im Heiligen Land. Damit waren sie die **erste Gemeinschaft**, die den Stand der Ritter und der Mönche kombinierte. Das Ganze stellte eine beträchtliche Neuerung dar, denn Mönchen und Priestern war es zuvor im mittelalterlichen Europa verboten gewesen, Waffen zu tragen und Blut zu vergießen. Im Gegenzug standen sie unter dem besonderen Schutz der Herrschenden. Noch auf der Synode von Clermont, an deren Ende der Aufruf zum Kreuzzug erfolgte, hatte die Kirchenleitung wieder einmal ausdrücklich bekräftigt, dass Kleriker keine Waffen tragen durften. Aber schon in den Chroniken des Ersten Kreuzzuges wird mehrfach von kämpfenden Geistlichen berichtet, inklusive des päpstlichen

! Keine Hygiene, kein Würfelspiel

Die Tempelritter mussten nicht nur Gehorsam, Armut und Keuschheit wahren. Ihre Ordensregeln verboten ihnen auch, Briefe zu schreiben, mit Falken zu jagen oder Brett- und Würfelspielen zu frönen. Außerdem mussten sie die Haare kurz geschnitten tragen und durften sich nur selten waschen.

Legaten Adhemar von Le Puy. Der Kreuzzugsgedanke und das Ideal des „Kämpfers für Gott" machte diese neue Kombination möglich. Einflussreicher „Pate" der Ritterorden war Bernhard von Clairvaux, der das „neue Rittertum" propagierte und persönlich an den Ordensregeln der Templer mitschrieb.

Als König Balduin II. von Jerusalem im Jahr 1119 dem Orden der „Armen Ritter" ein Gebäude überließ, das an der Stelle des alten Tempels Salomos gestanden haben soll, begannen sie sich als **Tempelritter** zu bezeichnen. Die Templer agierten ebenfalls als autonome Macht neben den Fürsten im Heiligen Land und besaßen mehrere Festungen. Durch Schenkungen wurden sie noch weit reicher als die Johanniter und verstanden es, diesen Schatz durch wirtschaftliche Aktivitäten, etwa Geldverleih, zu mehren. Dabei handelten sie auch mit

der muslimischen Welt. 1291 mussten jedoch auch sie das Heilige Land verlassen. Im Gegensatz zu den Johannitern eroberten sie kein neues Territorium, sondern ließen sich größtenteils in Frankreich nieder. 1307 klagte König **Philipp IV. der Schöne** (1268–1314) den Orden, bei dem er hoch verschuldet war, mithilfe von Papst Clemens V. der Ketzerei, der sexuellen Unzucht und der satanischen Ver-

? Schon gewusst?

Der Prozess gegen die Templer trug alle Zeichen der späteren **Hexenprozesse**. Während sich früher Ketzer damit retten konnten, dass sie ihrer Ketzerei – wenn sie sie denn wirklich begangen hatten und nicht falsch angeklagt worden waren – abschworen und die von der Kirche als richtig erachtete Lehre bestätigten, wurden die Mitglieder nun einer von ihren Anklägern erfundenen, nicht beweisbaren satanischen Weltverschwörung geziehen und so lange gefoltert, bis sie alles bestätigten.

Verbrennung der Tempelritter

schwörung an. Die Mitglieder wurden mithilfe der Folter zu Geständnissen gezwungen und dann als Ketzer verbrannt. 1312 löste Papst Clemens den Orden auf.

Darstellung der angeblichen Templerverbrechen in einer Handschrift aus dem 14. Jahrhundert

Der Deutsche Orden

Der **Orden der Brüder vom Deutschen Haus St. Mariens in Jerusalem** entstand aus einem Feldlazarett, das deutsche Kreuzfahrer 1190 während der Belagerung von Akkon gegründet hatten. Nach Ende der Belagerung wurde daraus ein Krankenpflegerorden. Konrad von Querfurt sorgte aber 1198 im Rahmen des sonst eher unbedeutenden „deutschen Kreuzzuges" dafür, dass der Orden sich in einen kämpfenden Ritterorden umwandelte. **Hermann von Salza** (um 1170–1239), ab 1210 vierter Hochmeister des Deutschen Ordens, verfügte dann über exzellente Beziehungen sowohl zu Kaiser Friedrich II. als auch zum Papst. Sein Bestreben war es, dem Orden ein Territorium außerhalb von Jerusalem zu verschaffen. Ein Mittel dazu war die kriegerische „Mission" von Heiden in Europa. So hatten z. B. auch Johanniter und Templer an der Bekämpfung der Mauren in Spanien teilgenommen. Hermann von Salza ließ sich zunächst vom ungarischen König im Kampf gegen das Turkvolk der Kumanen anwerben, was jedoch in einem militärischen Desaster endete. 1225 ließ er sich dann vom polnischen Herzog Konrad von Masowien als Kämpfer gegen die heidnischen **Pruzzen** an der Ostseeküste dingen, setzte mithilfe des Kaisers aber durch, dass alles eroberte Land nur dem Orden unterstehen sollte. Auf diese Weise entstand der preußische **Deutschordensstaat**, der in seiner Blütezeit zu Beginn des 15. Jahrhunderts von der Oder bis Estland reichte. Obwohl der Ordensstaat nie zu Deutschland gehörte und auch von der deutschen Politik unabhängig agierte, etablierte sich in diesen Gebieten ganz oder teilweise die deutsche Sprache und Kultur, was auch noch lange, nachdem die meisten Gebiete an Polen gefallen waren, so blieb. Dies führte im Rahmen der sogenannten Polnischen Teilungen Ende des 18. Jahrhunderts, aber auch später immer wieder, zu deutschen „Ansprüchen" auf die betreffenden Gebiete in Nordpolen und im Baltikum.

Der Vierte Kreuzzug

Nach dem Fehlschlag des Dritten Kreuzzuges setzte sich unter den europäischen Militärstrategen die Überzeugung durch, dass die muslimischen Regenten im Heiligen Land am besten mit einer gezielten Aktion gegen ihr Machtzentrum in Ägypten ausgeschaltet werden könnten. So wurde 1198 erstmals ein Orientkreuzzug vorbereitet, der nicht das Heilige Land als Ziel hatte. Doch es kam noch anders. Auf Betreiben des vertriebenen byzantinischen Thronfolgers Alexios IV. und des greisen Dogen von

Venedig, Enrico Dandolo, wurde der Kreuzzug nach Konstantinopel „umgeleitet". Statt Jerusalem zu befreien, eroberten die Kreuzritter die christliche Hauptstadt des Oströmischen Reiches, plünderten sie und errichteten im Jahr 1204 ein kurzlebiges Lateinisches Kaiserreich am Bosporus.

Eugène Delacroix,
Die Einnahme von Konstantinopel

Die Vorgeschichte

Im August 1198 rief der erst im Januar gewählte **Papst Innozenz III.** (Lothar von Segni, um 1160–1216) zu einem neuen Kreuzzug auf. Allerdings wandte er sich bewusst nicht an die Könige, sondern eher an Adlige aus der zweiten Reihe, vornehmlich aus Nordfrankreich. Einer, der von Anfang an Feuer und Flamme war, war Theobald III. von der Champagne (1179–1201), ein jüngerer Bruder des kurz zuvor verstorbenen Titu-

larkönigs von Jerusalem, Heinrich II. Theobald lud seine adligen Freunde und Nachbarn zu einem Turnier und ließ nach den sportlichen Wettkämpfen den **Kreuzzugsprediger Fulko von Neuilly** (†1202) auftreten, der an die versammelten Gäste einen leidenschaftlichen und höchst erfolgreichen Appell richtete, dem sich keiner der anwesenden Adligen zu entziehen wagte. Graf Theobald wurde zum Führer ernannt. Er starb jedoch vor dem Aufbruch und wurde durch **Bonifatius I. von Montferrat** (um 1150–

1207) ersetzt, einen jüngeren Bruder von Konrad von Montferrat, der wenig Führungsqualitäten und noch weniger Erfahrung besaß. Zur Vermeidung der üblichen Schwierigkeiten beim Durchzug durch das byzantinische Reich entschloss man sich diesmal, alle Ritter auf dem **Seeweg** ins Heilige Land zu bringen. Um dies logistisch zu bewältigen, war aber eine Kooperation mit den italienischen Seerepubliken nötig, vor allem mit **Venedig**.

Byzanz und die Lateiner

Zwischen Venedig und Byzanz aber gärte es damals gewaltig. Das Oströmische Reich war Ende des 12. Jahrhunderts politisch zwar geschwächt, aber als Handelsknotenpunkt zwischen Ost und West wirtschaftlich umso wichtiger. Dieser Tatsache war es auch zu verdanken, dass etwa jeder siebte Einwohner Konstantinopels – insgesamt ungefähr 500.000 – ein „Lateiner" war, also aus dem lateinischsprachigen Westeuropa stammte. Die meisten waren Händler aus den italienischen Seerepubliken **Venedig, Genua, Pisa** und **Amalfi**. Auf Druck ihrer Heimatländer hatten diese inzwischen weitreichende Privilegien, was sie bei der griechischen Bevölkerung verhasst machte. Dazu kamen häufige und heftige Auseinandersetzungen der Lateiner untereinander. Als 1171 das Viertel der genuesischen Kaufleute völlig zerstört wurde, beschuldigte Kaiser **Manuel I. Komnenos** die Venezianer, Urheber der Ausschreitungen gewesen zu sein. Er verhaftete einen Großteil und konfiszierte ihren Besitz. Venedig schickte daraufhin eine Kriegsflotte. Manuel bot Verhandlungen an, baute in Wahrheit aber seine eigene Flotte aus. Im Winter brach dann auf den überfüllten Kriegsschiffen der Venezianer eine Seuche aus, die etwa 10.000 Menschen das Leben kostete. Kaiser Manuel ließ daraufhin die venezianische Delegation rüde abfertigen. Nach der Heimkehr brachten die Venezianer – und zwar vermutlich genau die Kreise, die vorher den Krieg gewollt hatten – ihren Dogen als Sündenbock um.

Der Dogenpalast von Venedig

1182 wurde Kaiser **Alexios II. Komnenos** (1167–83) von seinem Vetter **Andronikos** (um 1122–85) mithilfe der Bevölkerung von Konstantinopel gestürzt. Das Volk öffnete Andronikos die

Tore und begann gleichzeitig einen Pogrom gegen die „Lateiner". Die meisten wurden abgeschlachtet und ihre Wohnviertel niedergebrannt. Möglicherweise wurde **Enrico Dandolo** (1107–1205), der spätere Doge von Venedig, von Andronikos I. geblendet, als er ein Jahr später im Rahmen einer Protestmission nach Konstantinopel kam, sodass er seine Augen verlor. Andere Quellen behaupten, schon Manuel I. habe ihn geblendet, und wieder andere, er habe sein Augenlicht bei einer Straßenschlägerei in Konstantinopel eingebüßt. Möglicherweise ist die ganze Geschichte aber nur ein Gerücht, das den Hass Dandolos auf Byzanz erklären sollte. Andronikos jedenfalls wurde 1185 gestürzt und der unfähige und wetterwendische Isaak II. Angelos zum neuen Kaiser gemacht. Ein Jahr später verlor Byzanz fast seine gesamte Flotte im Seegefecht mit den sizilianischen Normannen.

„Sündenfall" Zara

Konstantinopel wollten die Kreuzfahrer also eigentlich beim Vierten Kreuzzug meiden. Venedig erklärte sich auch bereit, seine Kapazitäten zur Verfügung zu stellen, um 33.000 Kämpfer ins Heilige Land zu bringen. Außerdem wollte man die Unternehmung mit 50 Galeeren voll eigener Leute unterstützen. Für diesen Zweck

wurden Schiffe neu gebaut, aber auch Handelskoggen umgewidmet. Als Bezahlung handelte Dandolo 85.000 Mark in Silber und dazu die Hälfte der Gebiete, die erobert werden würden, aus. Offiziell war auch diesmal das Ziel Jerusalem. Den eigentlichen Plan, die Ayyubiden im Zentrum ihres Reiches, in Ägypten, zu treffen, verhandelten die Führer des Kreuzzuges nur im Geheimen. Doch dann traf im Herbst nur etwa ein Drittel der erwarteten Kreuzfahrer in Venedig ein. Enrico Dandolo bestand aber auf voller Bezahlung. Schließlich war Venedig für die Schiffe so weit in Vorleistung gegangen, dass ein Staatsbankrott drohte. Auch ein erfolgreicher Kreuzzug und reiche Beute schienen angesichts der mageren Kämpferzahl fraglich.

Da die Kreuzfahrer die geforderte Summe aber nicht bezahlen konnten, machte Dandolo ihnen einen anderen Vorschlag: Die Kreuzfahrer sollten Venedig helfen, die früher einmal zu Venedig, jetzt aber zu Ungarn gehörende, jedoch relativ selbstständige dalmatinische Stadt **Zara** (Zadar) zu erobern. Die Beute wolle man dann mit den Schulden verrechnen. Die Einnahme einer katholischen Stadt widersprach natürlich völlig dem Kreuzzugsgedanken und manche Teilnehmer kehrten dem Unternehmen empört den Rücken. Aber ein Großteil ließ sich von Dandolo nötigen, da ohne venezianische Hilfe der gesamte Kreuzzug hätte abgeblasen werden müssen. Zara fiel nach zwei Wochen Belagerung und wurde dem venezianischen Staatsgebiet zugeschlagen.

„Umleitung" nach Byzanz

Da es nun bereits Mitte November war, überwinterten die Kreuzfahrer in Zara. Bonifatius von Montferrat jedoch traf sich mit dem deutschen König Philipp von Schwaben und lernte an dessen Hof **Alexios IV. Angelos** (um 1182–1204), Philipps Schwager und Sohn des noch immer eingekerkerten Kaisers Isaak II., kennen. Alexios bot den Kreuzfahrern 200.000 Silbermark, die Versorgung ihres Heers für ein volles Jahr und 10.000 Mann als Unterstützung, wenn sie ihm und sei-

nem Vater den Thron in Konstantinopel wieder verschaffen würden. Wieder verließen einige Kreuzfahrer empört das Heer, als sie von dem Plan erfuhren, und Papst Innozenz III. verbot den Kreuzrittern, Krieg gegen Christen zu führen, doch der Großteil ließ sich überzeugen. Die Anführer erklärten, auch gar nicht Krieg gegen Byzanz führen, sondern nur eine Drohkulisse aufbauen zu wollen, um dem Wunsch nach Alexios Wiedereinsetzung Nachdruck zu verleihen. Scheinbar ergab sich die „Umleitung" also nach und nach. Doch viele Historiker glauben, dass Enrico Dandolo die Sache von Anfang an im Visier hatte. Denn an dem ursprünglichen Plan der Kreuzfahrer, Ägypten zu erobern, konnte ihm wenig gelegen sein, da Alexandria ein wichtiger Handelshafen der Venezianer war. Und selbst, wenn man unterstellt, dass die Geschichte über sein Augenlicht eine spätere Ausschmückung ist, hatte er noch eine Rechnung mit Byzanz offen. Allerdings schwebte ihm wohl weniger eine Eroberung der Stadt durch die Kreuzfahrer vor als vielmehr eine massive Drohgeste, die den oströmischen Kaiser – egal, welcher am Ende auf dem Thron sitzen sollte – gegenüber den Forderungen Venedigs einknicken lassen sollte. Dass jedoch Kreuzfahrer keine verlässlichen Bundesgenossen waren, hatte auch schon

Alexios IV. Angelos

Alexios I. beim Ersten Kreuzzug erkennen müssen.

Der Krieg gegen Ostrom

Zunächst eroberten die Kreuzfahrer – dank ihrer Überlegenheit relativ unblutig – einige Außengebiete des byzantinischen Reiches wie etwa Korfu. Am 24. Juni 1203 trafen sie vor Konstantinopel ein. Doch der amtierende Kaiser, **Alexios III.**, dachte gar nicht daran, nachzugeben. Also rüstete man zum Krieg, den man angeblich nicht hatte führen wollen.

Alexios III. mit seiner Gattin, Kaiserin Euphrosyne

Die Belagerung Konstantinopels

Am 17. Juli konnten die Kreuzfahrer einen Mauerabschnitt am Goldenen Horn erobern. Sie brannten die angrenzenden Stadtviertel nieder, zogen sich aber schnell wieder vor den byzantinischen Truppen zurück. Doch Kaiser Alexios III. hatte genug. Er floh. Damit brach der geordnete Widerstand in der Stadt zusammen. **Isaak II.** wurde aus dem Gefängnis geholt und wieder auf den Thron gesetzt. Er versprach den Kreuzfahrern die Bezahlung und Unterstützung, die sein Sohn zuvor in Aussicht gestellt hatte. Das Abenteuer Konstantinopel schien relativ unblutig abzugehen. Die Kreuzfahrer warteten auf ihr Geld und auf die 10.000 Soldaten, die Alexios ihnen versprochen hatte.

Der Umsturz

Doch Isaak II. hielt seine Zusagen auch diesmal nicht ein. Vermutlich konnte er es auch gar nicht, da er keine wirkliche Machtbasis in Konstantinopel hatte. Er hielt die Kreuzfahrer also hin, während die Spannungen in der Stadt ständig zunahmen. Die Griechen griffen die Römer an, diese flüchteten sich in den Schutz der Kreuzfahrer, worauf die Griechen versuchten, deren Lager zu attackieren, und die Kreuzfahrer marodierend durch die Stadt zogen. Es endete schließlich damit, dass Isaak II. und

Alexios IV. vom Schwiegersohn des geflohenen Alexios III., einem gewissen Alexios Dukas Murtzuphlos, gestürzt wurden und Letzterer sich als **Alexios V**. zum neuen Kaiser machte. Den Kreuzrittern befahl er, abzuziehen, was diese natürlich nicht befolgten.

Die zweite Belagerung

Die Kreuzfahrer waren empört über den griechischen „Wortbruch" und sahen sich völlig im Recht, zu reagieren, auch wenn ihr Verhandlungspartner nicht mehr derselbe war. Dass ihnen der Papst noch einmal einen Krieg gegen Christen verbot, kümmerte sie nicht. Am 9. April 1204 begann der Angriff auf die Stadt. Schon vier Tage später floh auch Alexios V. Doch sein eigener Schwiegervater Alexios III. ließ ihn blenden und lieferte ihn den Kreuzfahrern aus, die ihn dann durch den Sturz von einer Säule töteten. Konstantinopel wurde **drei Tage lang geplündert**, die Einwohner misshandelt, vergewaltigt und ermordet, Kunstgegenstände, auch christliche Ikonen und Reliquien, geraubt oder zerstört. Die Chroniken berichten, dass die Kreuzfahrer das Gold von den Altären der Kirchen rissen und dabei auf den als wertlos erachteten Heiligenbildern und unhandlichen Bibeln herumtrampelten. Außerdem entstanden während der Plünderungen mindestens drei große Brände in der Stadt, die weitere Kunstwerke vernichteten.

> **! Diebesgut**
>
> Der Reichtum von Byzanz versetzte selbst die Chronisten, die darüber berichteten, in einen Rausch. Während die Franzosen wahllos Gold und Silber zusammenrafften und einschmolzen, erwiesen sich die Venezianer zwar als brutale Eroberer und Räuber, aber doch als Kunstkenner. Sie schickten gezielt Spürtrupps los, die besonders wertvolle Kunstwerke für den Dogenpalast akquirieren sollten. Viele finden sich dort heute noch, etwa die berühmte **Quadriga von San Marco**.

Die Bronzequadriga von San Marco in Venedig

Das Lateinische Kaiserreich

Auch das eroberte Land wurde auf die Sieger verteilt. Aus dem Gebiet beiderseits des Marmarameeres und der ostgriechischen Küste wurde das Lateinische Kaiserreich. Zum ersten Kaiser wählte man – da Enrico Dandolo ablehnte und die Venezianer Bonifatius von Montferrat misstrauten – den Grafen von Flandern und Hennegau, **Balduin IX.** (1172–1205). Bonifatius begann daraufhin, **Thessaloniki** für sich zu erobern. Daneben entstanden auf dem Peloponnes durch Eroberungen einzelner Kreuzfahrer weitere kleine Fürstentümer. Der Handel wurde weiter von Venedig kontrolliert, das überall strategische Stützpunkte errichtete. Dagegen verfügten sowohl Balduin in seiner ausgeplünderten Stadt wie auch die anderen Fürsten nur über eine schmale Machtbasis und waren zudem untereinander zerstritten. Vom Balkan her wurden sie von den Bulgaren angegriffen, von Anatolien her von byzantinischen Fürsten, die dort drei Nachfolgestaaten errichtet hatten: das **Kaiserreich Nicäa**, das **Kaiserreich Trapezunt** und das **Despotat Epirus**. Im Jahr **1261** eroberte der Kaiser von Nicäa, **Michael Palaiologus**, Konstantinopel zurück und machte dem Lateinischen Kaiserreich ein Ende.

 Schon gewusst?

Balduins Ehefrau Marie (1145–98), eine Schwester von Heinrich II. und Theobald von der Champagne, war der festen Überzeugung, ihr Mann sei ins Heilige Land gereist. Sie folgte ihm, bevor sie von der „Umleitung" hörte, landete in Akkon, während er Kaiser von Konstantinopel wurde, und starb an der Pest, bevor sie ihren Irrtum korrigieren konnte. Balduin wurde ein Jahr später in der Schlacht von Adrionopel (Edirne) vom bulgarischen Zaren gefangen genommen und starb ein Jahr später in der Gefangenschaft – zumindest teilte der Zar dies Papst Innozenz mit. Doch in Flandern herrschten noch lange Zeit Zweifel daran, ob Balduin wirklich tot war.

Der Kreuzzug der Kinder

Für alle jene, die wirklich glaubten, Gott wolle von ihnen die Rückeroberung der Heiligen Stätten, war der Vierte Kreuzzug eine erneute enttäuschte Hoffnung. Im Jahr 1212 trat dann plötzlich in Köln ein Jugendlicher namens **Nikolaus** auf, der behauptete, Jesus persönlich habe ihn aufgefordert, ins Heilige Land zu ziehen. Doch Nikolaus warb keine Kämpfer an, sondern Kinder und Jugendliche. Dank ihrer Unschuld, so versprach er, würden sie problemlos ins Heilige Land kommen. Sogar das Meer werde sich – wie einst das Rote Meer vor Moses – teilen und sie trockenen Fußes nach Palästina gelangen lassen.

Die Tragödie der Deutschen

Ungefähr 20.000 Menschen schlossen sich Nikolaus an. Die meisten waren Kinder und Jugendliche. Aber auch einige Erwachsene befanden sich in der Menge. Das Unternehmen war ähnlich unorganisiert wie der Volkskreuzzug und die Teilnehmer auf Almosen und Mundraub angewiesen. Wegen großer Ernteausfälle war die Versorgungslage aber allgemein schlecht und die Kreuzfahrer erhielten nur wenig zu essen bzw. wurden, wenn sie bei Diebstählen erwischt wurden, mit großer Brutalität behandelt, oft sogar getötet. Ausgerechnet im Winter überquerten die Kinder dann die **Alpen** am Mont Cenis, auf derselben Route, auf der Kaiser Heinrich IV. nach Canossa gezogen war. Der Weg, die Kälte, der Hunger sowie Krankheiten sorgten dafür, dass nur etwa ein Drittel der Kinder Genua erreichte, wo Nikolaus versprach, sein **Meerwunder** zu vollbringen. Als dies nicht funktionierte, verließen viele Kinder den Kreuzzug, versuchten sich nach Hause durchzuschlagen oder in Italien irgendwie eine neue Existenz zu finden. Andere zogen mit Nikolaus weiter. Einige Kinder gelangten wohl in Pisa und Brindisi auf Schiffe, wurden aber von Piraten versklavt. Ein weiterer Teil zog nach Rom und bat den Papst, sie von ihrem Kreuzzugsgelübde zu entbinden. Innozenz III. gewährte ihnen jedoch nur einen Aufschub. Die Kinder irrten daraufhin weiter durch Italien. Was aus ihnen wurde, ist völlig ungewiss.

Gustav Doré, Der Kreuzzug der Kinder

Die Tragödie der Franzosen

Ein zweiter, noch größerer Kreuzzug der Armen brach angeblich in Frankreich auf, geführt von einem Jungen namens **Stephan aus Cloyes**. In Marseille wurden gemäß den mittelalterlichen Berichten einige Tausend Kinder von Kaufleuten mit dem Versprechen, sie ins Heilige Land zu bringen, auf Schiffe gelockt. Zwei der sieben Schiffe kenterten vor Sardinien. Die anderen wurden nach Nordafrika in die Sklaverei verkauft. Angeblich kaufte al-Adils Sohn al-Kamil die Gebildeten unter den Gefangenen auf, um Informationen über Europa zu bekommen. Insgesamt existieren jedoch so wenig gesicherte Quellen über die Kinderkreuzzüge, dass manche Historiker nicht einmal sicher sind, ob sie wirklich stattfanden. Vor allem, was den französischen angeht, existiert auch die Auffassung, es habe sich nur um eine innerfranzösische Bewegung gehandelt, die bald wieder verebbt sei. Der Zug nach Marseille und das traurige Ende seien erst mit der Zeit hinzugedichtet worden.

 Schon gewusst?

Gelegentlich wird gemutmaßt, dass die Kinderkreuzzüge Hintergrund der Sage vom **Rattenfänger von Hameln** waren. Doch die meisten Forscher

tendieren heute dazu, dass kein Kreuzzugsprediger, sondern ein Werber für die Ostkolonisation im Märchen zum bösen Rattenfänger gemacht wurde, der eine ganze Generation aus Hameln weglockte. Sprachforschungen legen nahe, dass die Hamelner Kinder nicht in Italien zugrunde gingen oder in die Sklaverei verkauft wurden, sondern in der Prignitz und der Uckermark ein neues Leben begannen.

Der Auszug der Kinder mit dem Rattenfänger von Hameln, Sammelbildchen von 1897

Der Fünfte Kreuzzug

Im Jahr 1217 wandten sich die Kreuzfahrer nach Misserfolgen in Palästina tatsächlich nach Ägypten. Dort gelang es ihnen, nach langer Belagerung die Stadt Damiette einzunehmen, weshalb der Kreuzzug auch gelegentlich als Kreuzzug von Damiette bezeichnet wird. Sultan al-Kamil bot daraufhin die Rückgabe Jerusalems an, doch der päpstliche Legat verweigerte Verhandlungen mit den Moslems. Als jedoch der Vorstoß in Richtung Kairo scheiterte, mussten die Kreuzfahrer sogar Damiette wieder räumen. Elf Jahre später erreichte der gebannte Kaiser Friedrich II. beim Sultan tatsächlich die friedliche Rückgabe von Jerusalem. Parallel dazu fand in Südfrankreich der Albigenserkreuzzug statt.

Friedrich II. und Sultan al-Kamil

Die Lage im Nahen Osten

Der Herrscher über Ägypten und den Nahen Osten war im Jahr 1217 noch immer Saladins Bruder al-Adil. Doch dieser schätzte seine muslimischen Gegner als gefährlicher ein als die Kreuzfahrer und vereinbarte mit den „Königen von Jerusalem" immer wieder neue Waffenstillstände, um sich ganz der Sicherung des Ayyubiden-reichs widmen zu können. Das lohnte sich auch finanziell. Al-Adils Reich profitierte beträchtlich von dem gut funktionierenden Handel mit Europa. Die Machtbasis der Christen im Heiligen Land war also nicht unmittelbar gefährdet, genauso wenig wie der freie Zugang für Pilger nach Jerusalem. Doch von dem Ziel, selbst über die Heiligen Stätten zu herrschen, war man weit entfernt. 1211 hatte der neue König, **Johann von**

Brienne (um 1170–1237), wieder einen Waffenstillstand ausgehandelt, der bis ins Jahr 1216 reichen sollte. 1215 beschloss das Vierte Laterankonzil mit rund 1500 Teilnehmern unter Vorsitz von Papst Innozenz III. einen erneuten Kreuzzug.

! Die Kreuzfahrerstaaten

In Outremer hatte sich seit dem Ende des Dritten Kreuzzuges nicht viel verändert. Die Könige von Jerusalem residierten in Akkon. Die kleine Feste am Meer war dermaßen übervölkert, dass es immer wieder Reibereien zwischen einzelnen Gruppen gab, sogar regelrechte Kriege um ein paar Häuser. Neuer König war Johann von Brienne, der Ehemann von **Maria von Montferrat** (um 1192–1212). Diese wiederum war die älteste Tochter der vielfach verheirateten Königin Isabella aus ihrer Zwangsehe mit Konrad von Montferrat. Tripolis fiel nach dem Aussterben des dortigen Herrscherhauses im Jahr 1187 an den Fürsten **Bohemund IV. von Antiochia** (†1233). Dieser lag allerdings im Krieg mit seinem eigenen Neffen und dessen Onkel mütterlicherseits, König Leo II. von Armenien. In Zypern regierte Guido von Lusignans Neffe **Hugo I.** (1195–1218) recht unangefochten.

Die Vorbereitungen des Papstes

Nach dem Vierten Kreuzzug klug geworden, machte der Papst die Vorbereitung des Kreuzzuges diesmal zur Chefsache. Leiter des Kreuzzuges sollte kein Fürst, sondern ein päpstlicher Legat sein. Für ausreichend Schiffe sorgte Innozenz, indem er allen Staaten den Handel mit den Muslimen offiziell untersagte. Außerdem führte er ein neues Verfahren der Finanzierung ein. Seine Kreuzzugsprediger nötigten auch Alte, Kranke und Frauen, ein Gelübde abzulegen. Von diesem konnten sie sich dann aber loskaufen – und erhielten dafür den gleichen Ablass ihrer Sünden wie die Kreuzfahrer. Doch bei den Franzosen, die sonst meist das Rückgrat der Kreuzzüge gebildet hatten, war die Resonanz diesmal nur schwach, da all jene, die an Kämpfen gegen „Ungläubige" interessiert waren, sehr viel einfacher am Albigenserkreuzzug in Südfrankreich teilnehmen konnten. Zwar legte der deutsche König **Friedrich II.** (1194–1250) anlässlich seiner Krönung 1215 ein Kreuzzugsgelübde ab, doch der Staufer war ein Taktiker, der wusste, womit man sich Päpste gewogen machen konnte. Die Einlösung seines Gelübdes verschob er auf einen Zeitpunkt, der ihm passender erschien. Zunächst musste er seine Macht in Deutschland sichern.

Der Kreuzzug in Palästina

Am 1. Juni 1217 brach das Kreuzfahrerheer auf – zunächst Richtung Palästina. Die Führung hatten König **Andreas II. von Ungarn** (um 1177–1235), der Vater der heiligen Elisabeth, und Herzog **Leopold VI. von Österreich** (1176–1230) übernommen. Sie segelten Akkon an, wo sie sich mit den Heeren der Kreuzfahrerstaaten vereinigten.

Andreas II. von Ungarn und seine Gattin Gertrud

Verfolgungsjagd durchs Heilige Land

Sultan al-Adil jedoch wich dem Kreuzfahrerheer aus. Die Christen versuchten, ihn zum Kampf zu zwingen, was jedoch nicht gelang. Und die Städte waren zu gut befestigt, um sie leicht erobern zu können. Eine Belagerung aber – das hatte man aus den ersten beiden Kreuzzügen gelernt – würde die Belagerer schwächen und zur leichten Beute für das Heer des Gegners machen. Die Mauern von Jerusalem hatte al-Adil sogar absichtlich so weit schleifen lassen, dass die Christen die Stadt zwar hätten einnehmen, aber nicht verteidigen können. Da diesen das ebenfalls klar war, unterließen sie den Versuch. Im Januar 1218 hatte Andreas von Ungarn genug und reiste heim. Auch Bohemund von Antiochia brach den Kampf ab. Als dann auch noch Hugo von Zypern überraschend starb, reisten seine Soldaten ebenfalls ab. Die Übrigen harrten aus. Denn im Sommer 1217 waren auch niederländische und deutsche Kreuzfahrer in See gestochen. Sie waren jedoch zuerst in **Portugal** gelandet und hatten sich vom portugiesischen König Alfons II. dem Dicken (1185–1223) überreden lassen, ihm im Kampf gegen seine muslimischen Nachbarn zu helfen. Nachdem sie drei Städte erobert hatten, trafen sie im April und Mai endlich in Palästina ein. Dort hatten Johann von Brienne und Leopold von Österreich unterdessen einen Plan ausgearbeitet. Die Kreuzfahrer würden die Ayyubiden in Ägypten angreifen und parallel dazu die **Rumseldschuken** in Syrien.

Schon gewusst?

Während der ganzen Kreuzfahrerzeit gab es einen funktionierenden **Handel** zwischen Europa und dem Nahen Osten, der vor allem durch die italienischen Seemächte unterhalten wurde. Zum Handelsgut gehörten auch **Waffen**. Daran änderten weder ein päpstliches Embargo noch Proteste der Kalifen von Bagdad gegenüber den Ayyubidensultanen etwas. 1218, als die Kreuzfahrer Ägypten angriffen, lebten allein in Alexandria 3000 Venezianer, die über das Eintreffen ihrer Glaubensbrüder alles andere als begeistert waren. Auch später unter der Mameluckenherrschaft ging der Handel zwischen Venedig und den Moslems weiter.

Der Kreuzzug in Ägypten

In Ägypten begannen die Kreuzfahrer mit der Belagerung der Hafenstadt **Damiette** (Dumyat). Diese war von entscheidender Bedeutung, weil man mit ihr auch die Zufahrt zum einzig befahrbaren Arm des Nils kontrollierte. Dieser war mit einer Eisenkette versperrt, die von Damiette bis zu einem Turm auf einer kleinen Insel reichte. Wollte man ein Schiff passieren lassen, so musste man von diesem Turm aus die Kette senken. Al-Adils Sohn **al-Kamil** (1180–1238) konnte nicht verhindern, dass die Kreuzfahrer die Insel und den Turm im August 1218 einnahmen. Wenige Tage später starb sein Vater und al-Kamil musste als dessen designierter Nachfolger nach Kairo zurückkehren.

Die Flotte Ludwigs IX. greift Damiette an

Das Angebot des Sultans

Der neue Sultan musste nun einerseits seinen Führungsanspruch gegen seine Brüder und Onkel durchsetzen. Andererseits sah er sich auch einer schwierigen Situation in Ägypten gegenüber, da das Ausbleiben der Nilflut zu Missernten und Hungersnöten geführt hatte. Also bot er den Kreuzfahrern Verhandlungen an. Er war bereit, große Teile des ehemaligen Königreichs Jerusalem zurückzugeben. Außerdem wollte er sämtliche christliche Kriegsgefangenen freilassen und sogar das Heilige

Kreuz herausgeben. Doch inzwischen war im Lager der Christen der päpstliche Legat eingetroffen: **Kardinal Pelagius von Albano**, den nicht mehr Innozenz III., sondern sein Nachfolger **Honorius III.** (Cencio Savelli, 1148–1227) ausgesucht hatte. Pelagius, den die Chroniken als unerträglich hochmütig, anmaßend und streng gegenüber jedermann beschreiben, weigerte sich grundsätzlich, mit Moslems zu verhandeln, und brach zudem einen Streit mit Johann von Brienne um die Führungsrolle vom Zaun. Graf Wilhelm I. von Holland (um 1170–1222) reiste daraufhin prompt mit

! Franz von Assisi

Unter den Kreuzfahrern des Fünften Kreuzzuges war auch der heilige **Franz von Assisi** (um 1181–1226). Er gedachte allerdings nicht zu kämpfen, sondern sich für einen Friedensschluss einzusetzen und die Muslime kraft seines Wortes zum Christentum zu bekehren. Sultan al-Kamil behandelte ihn ehrenvoll und erlaubte ihm sogar, in sein Lager zu kommen und eine Predigt zu halten. Sein Angebot, Jerusalem zurückzugeben und die christlichen Gefangenen freizulassen, hatte der Sultan allerdings schon vorher gemacht, und dem islamischen Glauben blieb er auch nachher treu.

seinem Aufgebot ab. Zeitgenössische Chronisten interpretieren die Flutkatastrophe, die sein Land kurz darauf traf, als Strafe Gottes.

Unrühmliches Ende

Im Mai 1219 hatte auch Leopold von Österreich genug und kehrte nach Europa zurück. Den verbliebenen Kreuzfahrern gelang es am 5. November, die Stadt Damiette einzunehmen. Die meisten Bewohner waren mittlerweile an Hunger und Krankheiten gestorben, der Rest wurde getötet oder versklavt. Es gibt sogar Spekulationen, in der Stadt habe eine Seuche geherrscht. Doch der Streit zwischen den weltlichen Führern und Kardinal Pelagius hielt an. 1220 resignierte Johann von Brienne und kehrte nach Akkon zurück.

Kardinal Pelagius wartete unterdessen darauf, dass König Friedrich II. sich an sein Gelübde erinnern und den bedrängten Glaubensgenossen zu Hilfe eilen würde. Doch Friedrich war noch mit anderen Dingen beschäftigt. Im Juli 1221 – der Kardinal hatte abermals ein Friedensangebot al-Kamils ausgeschlagen – kehrte Johann von Brienne nach Damiette zurück, wohl, weil ihm der Papst mit dem Kirchenbann gedroht hatte. Die Kreuzfahrer entschlossen sich, in Richtung des etwa 200 Kilometer entfernten **Kairo** vorzurücken, doch sie kamen nicht weit. Al-Kamil ließ mehrere

Nildämme öffnen und das Land überschwemmen, sodass das Kreuzfahrerheer im Schlamm stecken blieb. Außerdem hatte sein Bruder inzwischen die Rumseldschuken in Syrien geschlagen und konnte mit seinem Heer nach Ägypten ziehen. Im September 1221 erkannten die Kreuzfahrer die aussichtslose Lage und räumten Damiette. Johann von Brienne wurde zum Abschied von al-Kamil ehrenvoll empfangen und erhielt Lebensmittelspenden für sein hungerndes Heer. Kardinal Pelagius musste, wieder zu Hause,

schwere Vorwürfe des Papstes über sich ergehen lassen, weil er al-Kamils Angebot nicht angenommen, ja nicht einmal – wie abgesprochen – Rücksprache mit dem Papst genommen hatte, bevor er endgültige Entscheidungen traf. Denn Zeit genug, einen Boten nach Rom zu schicken, wäre in den drei Jahren, die man in Damiette verbracht hatte, gewesen.

Der Kreuzzug Friedrichs II.

Friedrich II. – seit 1220 Kaiser – ließ sich unterdessen weiter Zeit, sein Kreuzzugsgelübde einzulösen. 1225 versprach er Papst Honorius, er werde spätestens bis 1227 ins Heilige Land ziehen. Das hatte er tatsächlich vor. Doch unter dem abreisefertigen Heer brach eine **Seuche** aus – der unter anderem der Ehemann der heiligen Elisabeth, Ludwig IV. von Thüringen, zum Opfer fiel – und Friedrich, der wohl selbst auch erkrankt war, brach die Sache vorerst ab. Obwohl das vernünftig war, war die Geduld der Päpste erschöpft. Honorius' Nachfolger **Gregor IX.** (Hugo von Segni, um 1167–1241) **bannte** den Kaiser. Als Gebannter durfte er nicht an einem Kreuzzug teilnehmen. Friedrich tat es trotzdem. 1228 brach er mit einem relativ kleinen Heer ins Heilige Land auf.

Kaiser Friedrich II.

Friedrich beanspruchte den Titel nicht als Eroberer von Jerusalem, sondern als Erbe von Jerusalem. Er hatte 1225 in zweiter Ehe **Yolanda** – auch Isabella II. –, die Tochter Johanns von Brienne, geheiratet. Diese Ehe gilt als eine der tragischsten **Kinderehen** des Mittelalters. Während man sonst zwar nicht mit der Heirat, aber mit dem Vollzug der Ehe wartete, bis die Braut wenigstens 14 Jahre alt war, war Yolanda erst 13. Sie wurde von Akkon, wo sie aufgewachsen war, ins fremde Italien gebracht, in der Hochzeitsnacht von ihrem Mann mit ihrer Cousine betrogen, bald aber trotzdem geschwängert, bekam mit 14 ihr erstes Kind und lebte dann nahezu eingesperrt in Friedrichs Palast in Palermo. Sie starb mit 16 bei der Geburt des zweiten Kindes.

Krönung in Jerusalem

Ganz sicher ist es nicht, aber möglicherweise sprach Friedrich II., der im multikulturellen Sizilien aufgewachsen war und eine maurische Leibgarde hatte, persönlich **Arabisch**. Auf jeden Fall nahm er nach seiner Ankunft in Akkon im September 1228 Kontakt mit den Statthaltern von al-Kamil auf. Nach einigem Feilschen war dieser schließlich bereit, sein zehn Jahre altes Angebot aufrechtzuerhalten. Von seinen Glaubensgenossen musste er dafür viel Kritik einstecken. Doch al-Kamil zeigte noch weniger Interesse als sein Vater und sein Onkel daran, Krieg gegen die Kreuzfahrerstaaten zu führen. Sein Interesse galt in erster Linie der Stärkung des Ayyubidenreichs, indem er interne Konfliktherde ausschaltete, den Handel und damit den Wohlstand aufrechterhielt und das Reich gegen Angriffe der Mongolen rüstete. Er gab den Christen **Jerusalem, Bethlehem, Nazareth** und einige andere Städte zurück. Nur die **al-Aqsa-Moschee** und der **Felsendom** in Jerusalem sollten muslimisches Territorium bleiben. Seinen internen Kritikern hielt er vor, er habe nur auf ein paar Ruinen verzichtet. Worüber sich die beiden Herrscher noch austausch-

Der Felsendom in Jerusalem

97

ten, weiß man nicht, aber sie sollen für den Rest ihres Lebens Kontakt gehalten haben. Der **Patriarch von Jerusalem** dagegen war alles andere als froh über die Rückgabe seiner Stadt an einen christlichen Herrscher. Er drohte damit, das **Interdikt** – das Verbot aller kirchlichen Handlungen – über Jerusalem zu verhängen, sollte der gebannte Kaiser die Stadt betreten. Friedrich kümmerte das nicht. Er zog in Jerusalem ein und setzte sich am 18. Mai 1229 in der Grabeskirche höchstpersönlich die Krone auf.

! Probleme mit der Zählung

Aus kirchlicher Sicht war Friedrichs Kreuzzug keiner, so erfolgreich er war, da der Kaiser ja gar nicht im Stand kirchlicher Gnade war, die ihm eine Wallfahrt – ob mit oder ohne Waffen – erlaubt hätte. Aber auch vielen Historikern gilt seine Aktion als der eigentliche Abschluss des Fünften Kreuzzuges. Manche dagegen bezeichnen ihn als Sechsten Kreuzzug, wodurch sich die Zählung der weiteren Kreuzzüge dann verschiebt.

Die Reaktion der Kirche

Auch der Papst vergab Friedrich nicht, dass er als Gebannter auf einen Kreuzzug gegangen war. Er verschärfte den Bann, indem er den Adel im Kaiserreich und in Sizilien von seinem Treueeid gegenüber dem Kaiser entband. Außerdem zettelten seine Agenten **Aufstände** in Oberitalien und Sizilien an. Friedrich konnte sich nach seiner Rückkehr aber durchsetzen und 1231 erreichte er durch Zugeständnisse an den Papst auch die Lösung des Bannes. 1237 jedoch warb der Papst für einen neuen Kreuzzug – nicht ins Heilige Land, sondern nach Konstantinopel, um dem bedrängten Lateinischen Kaiserreich zu Hilfe zu kommen. Friedrich dagegen war mit dem griechischen Kaiser von Nicäa verbündet und sperrte die italienischen Häfen für die Kreuzritter. 1239 wurde er erneut gebannt und es begann ein offener Kampf gegen den Papst, der über den Tod des Kaisers im Jahr 1250 hinausging und mit der öffentlichen Enthauptung seines Enkels **Konradin** auf dem Marktplatz von Neapel im Jahr 1268 endete. Es gab jedoch auch Zustimmung, ja Verehrung aus den Reihen der Kirche für Friedrich. So ist etwa die Predigt eines Klerikers namens Nikolaus aus Bitonto überliefert, in der der Kaiser angesichts der friedlichen Wiedergewinnung Jerusalems als eine Art **Messias** angesehen und seinem Geschlecht eine Herrschaft bis zur Wiederkunft Christi verheißen wird. Doch der Erfolg, den Friedrich im

Heiligen Land errungen hatte, hielt nicht lange an. Die Fürsten und königlichen Statthalter in den Kreuzfahrerstaaten stritten sich fortwährend um Privilegien und Einfluss. Als al-Kamil dann starb und seine Nachfolger kein Interesse mehr an einem Frieden mit den Christen zeigten, hatten diese den Moslems – obgleich untereinander ebenfalls zerstritten – nichts entgegenzusetzen. Bereits **1244** wurde Jerusalem von den Ayyubiden wieder erobert.

Der Kreuzzug der Barone

Ungeachtet der kirchlichen Vorbehalte gegen Friedrichs Kreuzzug führte die Wiedergewinnung in den Jahren danach zu einem Anstieg der Pilgerreisen ins Heilige Land, obwohl diese auch unter den Ayyubiden möglich gewesen waren. 1239 brach eine Gruppe französischer Barone unter Führung von **Theobald IV. von der Champagne** (1201–53) auf, einem Neffen des ehemaligen Jerusalemer Königs Heinrich II.

❗ Minnesang

Theobald IV. von der Champagne war in die französische Königin Blanca von Kastilien, die Mutter Ludwigs des Heiligen, verliebt. Da diese Leidenschaft natürlich platonisch bleiben musste, drückte er sie in Minnegesängen aus. Neben 37 Liebesliedern sind aber auch noch andere Verse von ihm erhalten, in denen oft eine große Ironie gegenüber dem Rittertum aufblitzt.

Der Zwist der Ayyubiden

1239 war auch der Waffenstillstand, den Friedrich II. mit al-Kamil geschlossen hatte, ausgelaufen. Also beschlossen die Barone, den Kampf gegen die Ayyubiden wieder aufzunehmen. Sie waren sich jedoch alles andere als einig und ein Teil des Heeres erlitt im November 1239 bei **Gaza** eine

Das Ayyubiden-reich in seiner größten Ausdehnung, 1171–1246

empfindliche Niederlage, an der vor allem der eigene Dilettantismus schuld war. Theobald versuchte daraufhin, sich mit dem **Sultan von Damaskus**, einem Bruder al-Kamils, gegen dessen Neffen, Sultan as-Salih (um 1205–49) von Kairo zu verbünden. Als die Soldaten des Sultans sich aber weigerten, mit Christen gegen Muslime zu kämpfen, drehte Theobald den Spieß um und versprach as-Salih, nicht in dessen Kampf mit seinem Onkel einzugreifen. Dafür überließ ihm as-Salih das **Westjordanland** und ließ die Gefangenen der Schlacht von Gaza frei. Danach besuchte Theobald Jerusalem und kehrte wieder nach Hause zurück. Die Umsetzung des Abkommens wurde von dem englischen Prinzen **Richard von Cornwall** (1209–72), einem Sohn Johann Ohnelands, überwacht, der kurze Zeit später ins Heilige Land kam. Auch diesmal gab es in Outremer eine starke Fraktion, die über den unblutigen

Gebietsgewinn gar nicht glücklich war, weil sie sich von einer Allianz mit Damaskus gegen Ägypten mehr versprochen hatte.

Der Albigenser-kreuzzug

Bereits im Jahr 1209 hatten die Päpste auch einen Kreuzzug gegen die Sekte der Katharer bzw. Albigenser in Südfrankreich ausgerufen. Diese waren zwar trotz aller Glaubensunterschiede Christen, doch ein „falscher" christlicher Glaube wurde in der Kirchengeschichte vielfach noch härter verfolgt als ein nicht christlicher. Während man den Moslems vor allem die Herrschaft über Palästina hatte entreißen wollen, sollten die Katharer ausgerottet werden.

 Schon gewusst?

Auch die Kriege gegen die tschechischen **Hussiten** im 15. Jahrhundert wurden von der Kirche noch als Kreuzzüge bezeichnet, da der Priester und Kirchenreformer Jan Hus 1415 auf dem Konzil von Konstanz als Ketzer verurteilt und verbrannt worden war.

Jan Hus

Die Katharer

Die Katharer (griech. katharos = „rein") waren eine von mehreren großen christlichen Protestbewegungen, die im Hochmittelalter als Reaktion auf das allzu weltliche, oft offenkundig unmoralische und ganz und gar nicht evangelienkonforme Treiben der Kirchenoberen entstand. Sie selber bezeichneten sich auch als „veri christiani" (wahre Christen) oder „boni homines" (gute Menschen). Die Bewegung begann sich um 1140 zu verbreiten und fasste vor allem in Südfrankreich in der Gegend um **Albi** und in Oberitalien Fuß. In Deutschland war vor allem das Rheinland betroffen. Die Lehre der Katharer ist nur in Bruchstücken bekannt, da vor allem die Propaganda ihrer Gegner überliefert ist. Auf jeden Fall beruhte sie auf einem **dualistischen Weltbild**, in dem sich der Teufel als Herrscher der bösen Welt und Gott als Herrscher des guten Jenseits als gleich starke Gegner gegenüberstehen, zwischen denen sich der Mensch entscheiden muss. Die Katharer praktizierten deshalb eine sehr radikale Abkehr von weltlichen Dingen und eine möglichst große Askese. Der Rang der Gläubigen in der Gemeinschaft richtete sich danach, wie intensiv sie diese Weltabkehr praktizierten. An der Spitze standen die „**Perfecti**", die Besitz und Sexualität ablehnten und nur die allernötigste Nahrung zu sich nahmen.

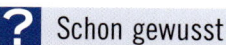 **Schon gewusst?**

Das Wort **Ketzer** leitet sich von Katharer ab. Davor bezeichnete man Christen, die nicht kirchenkonforme Überzeugungen vertraten, als Häretiker oder Irrgläubige.

Dominanz in Okzitanien

In Südfrankreich (**Okzitanien**) genossen die Katharer sehr schnell den Schutz der Fürsten, sodass sie in weiten Landstrichen die dominierende religiöse Gruppierung darstellten. Vor allem der mächtige **Graf Raimund VI. von Toulouse** (1156–1222), ein Urenkel des Kreuzfahrers Raimund IV., hielt seine Hand über die Katharer, obwohl der Papst ihn dafür zweimal exkommunizierte. Dabei lebte Raimund, der es insgesamt auf sechs Ehefrauen, von denen er drei verstieß, und einige uneheliche Kinder brachte, nicht gerade nach den Idealen der „Reinen". Auch viele einfache Menschen schätzten die Katharer, ohne sich ihnen anzuschließen. Denn die Katharer trieben in „ihren" Gebieten keine Abgaben wie den Kirchenzehnt ein, sondern lebten nur von Spenden. Diese jedoch flossen in Okzitanien reichlich und trotz ihrer Ablehnung der „bösen Welt" sahen die Sektenmitglieder es als legitim an, mit ihrem Gut zu wirtschaften, woge-

Als Okzitanien wurde das südliche Drittel Frankreichs bezeichnet, in dem die **langue d'oc** gesprochen wurde, die zwar mit dem heutigen Französisch verwandt ist, aber stärker noch dem Katalanischen ähnelt. Okzitanien war jedoch nur eine kulturelle, nie eine politische Einheit. Im frühen Mittelalter waren die okzitanischen Fürsten, vor allem die **Grafen von Toulouse** und die Familie **Trencavel**, die Albi, Béziers und Carcassonne beherrschte, jedoch nahezu unabhängig von Frankreich und kooperierten politisch teilweise mehr mit den Grafen von Barcelona oder den Königen von Aragon. Dies änderte sich erst durch die Albigenserkreuzzüge.

gen die Katholiken einem Zinsverbot unterlagen. **1179** wurden die Katharer zum ersten Mal vom Papst exkommuniziert, 1184 zum zweiten Mal.

Der Mord am Legaten

1206 sandte **Papst Innozenz III.** eine Gruppe Zisterziensermönche nach Okzitanien, die versuchen sollte, die Katharer durch Diskussionen und Predigten zu bekehren. Um dem Bedürfnis der Menschen nach einer evangeliengerechten Kirche entgegenzukommen, wies der Papst seine Gesandten streng an, besonders demütig und bescheiden aufzutreten. Im Januar 1208 wurde jedoch einer der Legaten, Pierre de Castelnau, nach einem Besuch bei Raimund VI. von Toulouse ermordet. Wer dahintersteckte, weiß man nicht, aber Castelnau hatte sich viele mächtige Feinde gemacht, indem er Raimund VI. exkommunizierte oder Bischöfe, die seiner Meinung nach zu nachlässig bei der Ketzerverfolgung waren, suspendierte. Kaum hatte Innonzenz III. von dem Mord erfahren, erklärte er Castelnau zum Märtyrer und rief zum Kreuzzug gegen die Katharer auf. Er versprach jedem Teilnehmer, der mindestens 40 Tage kämpfte, den Ablass all seiner Sünden und sicherte zu, man würde die Gebiete, die ketzerischen Fürsten abgenommen würden, unter den Kreuzzugsteilnehmern aufteilen.

Papst Innozenz III.

Das Massaker von Béziers

Rund 10.000 Kämpfer folgten dem Aufruf, darunter auch Raimund VI. von Toulouse, der sich auf diese Weise vom Verdacht des

Mordes an Castelnau befreien wollte. Andere okzitanische Adlige dagegen, allen voran die Familie Trencavel, betrachteten den Kampf gegen den Papst auch als Kampf um die Unabhängigkeit Okzitaniens. Führer des Kreuzzuges war der nordfranzösische Fürst **Simon IV. von Montfort** (um 1160–1218). Am 22. Juli 1209 nahm das Heer die Stadt Béziers ein. Die Kreuzritter legten sie in Schutt und Asche und schlachteten **20.000 Menschen** ab. Angeblich soll der päpstliche Gesandte Arnaud Amaury (†1225) auf die Frage, wie man Ketzer von „normalen" Bewohnern unterscheiden solle, geantwortet haben: „Tötet sie alle! Gott kennt die Seinen schon."

Der Fall von Carcassonne

Als Nächstes nahmen sich die Kreuzfahrer die Stadt **Carcassonne** vor, die wegen ihrer starken Mauern zur Zuflucht vieler Katharer geworden war. Dies führte jedoch auch dazu, dass die Versorgung bald zusammenbrach. Nach

Vertreibung der Katharer aus Carcassonne

zwei Wochen ergab sich die Stadt. Doch die meisten Bewohner waren schon durch unterirdische Gänge in den Wald geflohen. Zurück blieben nur 500 Menschen, vor allem Alte, Kranke und Kinder. 100 davon durften die Stadt nackt verlassen – „beladen nur mit ihren Sünden", wie die Sieger spotteten. Die anderen wurden gehängt. Danach ergaben sich viele andere Städte freiwillig. Die Festung **Minerve** jedoch musste lange belagert werden, bevor sie kapitulierte. Als „Strafe" verbrannten die Sieger 400 Einwohner, die sich weigerten, ihrem katharischen Glauben abzuschwören. Doch die Brutalität der Eroberer erwies sich als Bumerang. Viele Städte, die sich bereits ergeben hatten, rebellierten erneut. Als man auch noch begann, Ketzerhochburgen in der Grafschaft Toulouse zu attackieren, unterstützte Graf Raimund diese zu-

Die Festung von Carcassonne

nächst heimlich. Als das jedoch offenbar und er selbst wieder exkommuniziert wurde, stellte er sich offen gegen die Kreuzfahrer.

Die Schlappe von Muret

In den nächsten Jahren kämpften die Kreuzfahrer vor allem gegen Raimund von Toulouse und die mit ihm verbündeten Grafen von Foix und Comminges. 1213 erhielten die Rebellen Unterstützung von König **Peter II. von Aragon** (1174–1213), der sich zum Schutz- und Lehensherren des Languedoc erklärte. In der **Schlacht bei Muret** am 12. September 1213 jedoch erlitten die Rebellen eine verheerende Niederlage gegen ein zahlenmäßig weit unterlegenes Kreuzfahrerheer. Der Hauptgrund war wohl,

Die Schlacht von Muret, Darstellung aus dem 14. Jahrhundert

dass sich die Führer nicht auf eine Strategie einigen konnten. Als dann auch noch der König von Aragon fiel und die Aragonesen das Schlachtfeld verließen, war die Niederlage besiegelt. Die Kreuzfahrer besetzten die Grafschaft Toulouse und Raimund floh zu seinem damaligen Schwiegervater Johann Ohneland nach England.

Die Rückeroberung

Einige Fürsten kämpften jedoch weiter und auch Raimund kam 1216 zurück und nahm den Kampf wieder auf. 1217 ergab sich ihm seine einstige Hauptstadt **Toulouse** kampflos und bei der anschließenden Belagerung durch die Kreuzritter wurde Simon von Montfort getötet – angeblich durch ein Katapult, das von einer Bürgersfrau bedient worden war. In der Folge mangelte es den Kreuzrittern an neuen Kämpfern, sodass sie zunehmend in die Defensive gerieten. Bis 1224 konnten die okzitanischen Fürsten die Angreifer komplett aus ihrem Land vertreiben.

Der Krieg der Franzosen

Doch zwei Jahre später griff der französische König **Ludwig VIII.** (1187–1226) in den Kampf ein. Dabei ging es ihm vor allem um die Unterwerfung Südfrankreichs. Da die okzitanischen Fürsten durch den Kampf gegen die Kreuzritter geschwächt waren und mit dem König von Aragon ein mächtiger Konkurrent ausgefallen war, schien die Gelegenheit günstig. Zwar starb Ludwig noch im selben Jahr, doch sein Erbe **Ludwig der Heilige** (1214–70) sprang für ihn in die Bresche. 1228 schließlich gab der neue Graf von Toulouse, **Raimund VII.** (1197–1249), auf. Er musste den nördlichen Teil seines Landes rund um Albi an die französische Krone abtreten und den südlichen als Lehen vom König entgegennehmen. Außerdem wurde seine Erbtochter **Johanna** mit **Alfons**, einem Bruder Ludwigs des Heiligen, verheiratet. Der offizielle

 Schon gewusst?

Sowohl **Alfons von Poitiers** (1220–71) als auch seine Frau **Johanna von Toulouse** (um 1220–71) nahmen trotz ihres Alters an der Seite Ludwigs IX. am Siebten Kreuzzug teil. Sie überlebten zwar die Ruhr in Tunis, doch Alfons, der auch schon beim Sechsten Kreuzzug zusammen mit Ludwig in der Gefangenschaft der Mamelucken gewesen war, starb auf der Rückreise in der Nähe von **Siena** am 21. August, seine Frau vier Tage später. Da sie keine Kinder hatten, fiel Toulouse an die französische Krone.

Friedensvertrag zwischen Raimund und Ludwig dem Heiligen am 12. April 1229 gilt auch als Abschluss des Albigenserkreuzzugs.

Die Vernichtung der Katharer

Das eigentliche Ziel, die Auslöschung der Ketzer, war allerdings mit der Unterwerfung der okzitanischen Fürsten noch keineswegs erreicht. Doch da Ludwig der Heilige und mit ihm der Papst in Südfrankreich nun freie Hand hatten, konnten sie eine flächendeckende scharfe Verfolgung durch die **Inquisition** durchsetzen. Die Katharer zogen sich mehr und mehr in ihre Feste **Montségur** am Nordrand der Pyrenäen zurück, von wo aus sie kriegerische Ausfälle unternahmen. Im Mai 1232 z. B. wurden in der Stadt Avignonet mehrere Inquisitoren im Schlaf ermordet. Im Jahr 1243 beschloss König Ludwig dann die Erstürmung von Montségur. Trotz eines 10.000 Mann starken Heers dauerte es Monate, die Versorgung von außen vollständig zu unterbrechen. Am 15. März 1244 schließlich übergab der Burgherr, der selbst kein Katharer war, die Feste. Die katholischen Christen durften abziehen, die Katharer, die ihrem Glauben abschworen, ebenfalls. Die anderen aber, 225 Menschen, wurden als Ketzer öffentlich verbrannt.

Der Sechste Kreuzzug

Die erneute Eroberung Jerusalems durch die Ayyubiden im Jahr 1244 brachte auch die übrigen christlichen Kreuzfahrerstaaten im Heiligen Land wieder in Bedrängnis. So wurde ein neuer Kreuzzug beschlossen, der diesmal direkt Ägypten ansteuerte. Doch die christlichen Ritter unter Führung des französischen Königs Ludwig des Heiligen scheiterten wie die Teilnehmer des Fünften Kreuzzuges im Morast des Nildeltas. Als Krönung des Desasters wurden der König und ein Großteil des Heers gefangen genommen. Zwar wurden sie gegen die Rückgabe von Damiette und ein Lösegeld wieder freigelassen, doch der erneute Fehlschlag sorgte für große Ernüchterung in Europa.

Ludwig IX. der Heilige

Die Lage im Nahen Osten und Europa

Direkt nach dem Fall Jerusalems im Spätsommer 1244 hatten sich die Kreuzfahrerstaaten mit mehreren kleinen muslimischen Herrschern gegen die Ayyubiden verbündet. Am 18. Oktober erlitten sie jedoch in der Schlacht von **La Forbie** bei Gaza eine schwere Niederlage. Von ungefähr 10.000 Soldaten soll nicht einmal ein Zehntel überlebt haben. Und von den verbliebenen wurden wiederum 800 als Gefangene nach Ägypten gebracht. Schon wenige Tage später schickte der lateinische Patriarch von Jerusalem einen Gesandten nach Europa, um für einen neuen Kreuzzug zu werben. Nur die Tatsache, dass die Ayyubiden sich erst an die Unterwerfung ihrer muslimischen Feinde machten, schien den Kreuzfahrerstaaten etwas Luft zu verschaffen.

Das Dilemma der Päpste

Doch in Europa begannen sich die Fehler der letzten Kreuzzüge bemerkbar zu machen. Nachdem die

! Ludwig der Heilige

Der französische König Ludwig IX. galt schon zu Lebzeiten wegen seiner tugendhaften und fast schon asketischen Lebensführung als künftiger Heiliger. Allerdings erwies er sich auch als politisch sehr durchsetzungsfähig und trieb Reformen voran, die den Adel entmachteten und die Verwaltung des Reiches ganz auf die alleinige Autorität des Königs zuschnitten. Außenpolitisch bemühte er sich dagegen meist um diplomatische Lösungen und genoss deshalb europaweit hohes Ansehen als Mittler. Allerdings erließ er auch sehr rigide Gesetze gegen alles, was er als unmoralisch betrachtete, bekämpfte die Ketzer durch Kriege und eine scharfe Inquisition und erließ zahlreiche Repressalien gegen die französischen Juden, was 1252 sogar in eine vorübergehende Verbannung aller Juden aus dem Land mündete.

Die Kreuzfahrt Ludwigs IX. des Heiligen

Wiedergewinnung Jerusalems in der Vergangenheit so in den Hintergrund geraten war, sorgte sein erneuter Verlust nicht mehr für kollektives Entsetzen in der Christenheit. Außerdem führte der Papst – inzwischen war es **Innozenz IV.** (Sinibaldo de Fieschi, um 1195–1254) – weiter einen Privatkrieg gegen den neuerlich gebannten Kaiser Friedrich II., womit er sich nicht nur in Deutschland, sondern vor allem auch in Italien viele Feinde machte. Der „Stiefel" war in eine erbittert kaiserliche Partei, die **Ghibellinen**, und eine erbittert päpstliche, die **Guelfen**, gespalten. Innozenz' Glück war, dass Frankreich gerade einen sehr frommen König hatte: **Ludwig IX.** (1214–70), der später auch heiliggesprochen wurde. Ludwig hatte gerade die Albigenser im eigenen Reich vernichtet und hegte schon lange den Wunsch, den Moslems Jerusalem zu entreißen. Angeblich trug auch noch eine schwere Malariaerkrankung im Jahr 1244 dazu bei, dass er

Schon gewusst?

Da Kaiser Friedrich II. die italienischen Häfen sperrte und ein Großteil Südfrankreichs immer noch den englischen Königen gehörte, baute Ludwig der Heilige in **Aigues-Mortes** extra einen Überseehafen, der groß genug war, dass sich sein Heer dort einschiffen konnte.

gelobte, diesen Wunsch umgehend umzusetzen, obwohl er damit angesichts der vergangenen Schlappen der Kreuzfahrer inzwischen auch viel Kritik von seinen Zeitgenossen erntete.

Aufbruch Ludwigs des Heiligen 1248

Der Krieg in Ägypten

Im August 1248 setzten die Kreuzfahrer nach **Zypern** über, wo sie überwinterten und im nächsten Frühjahr gen Ägypten aufbrachen. Laut zeitgenössischen Quellen bestand Ludwigs Heer aus 50.000 Mann, davon 2800 Ritter. Außerdem hatte Frankreichs frommer König seine Frau Margarete und zahlreiche Spitzen aus dem französischen Hochadel und Klerus bei sich.

Siege ohne Substanz

Anfang Juni konnte das Heer an der ägyptischen Küste landen. Eine Armee der Ayyubiden versuchte, dies zu verhindern, wurde jedoch schnell geschlagen. Die Kreuzfahrer zogen wieder nach Damiette. Diesmal wurde die strategisch so wichtige Stadt derart dilettantisch verteidigt, dass das christliche Heer sie fast kampflos einnehmen konnte. Doch Ludwig nutzte die Lage nicht aus, um den angeschlagenen Feind weiter zu bedrängen. Stattdessen richtete er sich in Damiette ein und startete erst im November einen Angriff in Richtung Kairo. Inzwischen hatte Sultan **as-Salih** seine Truppen wieder gesammelt. Bei dem Versuch, die Stadt **al-Mansura** einzunehmen, kam es zu schweren Verlusten, darunter Ludwigs Bruder Robert von Artois. Einige Tage später konnten die Kreuzfahrer al-Mansura zwar erobern und auch das herbeigeeilte Heer der Ayyubiden besiegen, erlitten dabei aber äußerst große Verluste. Außerdem

Ludwig IX. vor al-Mansura

setzten ihnen Hunger und Krankheiten derart zu, dass Ludwig um Friedensverhandlungen ersuchte. Er bot an, Damiette gegen Jerusalem zu tauschen.

In Gefangenschaft

Inzwischen war as-Salih gestorben und seine Witwe **Schadschar ad-Dur**, die angeblich sowohl wegen ihrer Schönheit als auch wegen ihrer Klugheit von der Haremssklavin zur Lieblingsfrau aufgestiegen war und für ihren Stiefsohn **Turan Schah** die Regentschaft führte, lehnte Verhandlungen ab. Anscheinend war ihr bewusst,

 Die Mamelucken

Die Mamelucken waren ursprünglich turkstämmige Militärsklaven. Sie wurden seit dem 9. Jahrhundert von den arabischen Sultanen als Kinder oder Jugendliche auf den Sklavenmärkten gekauft und dann als Elitetruppe und Leibgarde geschult. Mitte des 13. Jahrhunderts waren die Mamelucken in Ägypten jedoch so mächtig geworden, dass sie die Macht ergriffen. 1517 wurde das Mameluckenreich dann von den Osmanen erobert. Diese bauten eine ähnliche Elitetruppe aus versklavten Kindern, die Janitscharen, auf, die ihnen später ebenfalls Probleme bereitete.

wie schlecht die Lage der Kreuzfahrer war. Schließlich sahen diese sich gezwungen, am 5. April al-Mansura zu räumen. Sie zogen sich in Richtung Damiette zurück, mussten dafür aber wieder das sumpfige Nildelta passieren. Die **Mameluckengarde** des Sultans verfolgte sie und konnte bereits einen Tag später Ludwig IX., seine Brüder und einen großen Teil des Heeres gefangen nehmen.

Der Kampf der Königin

Den Befehl über Damiette hatte unterdessen Ludwigs schwangere Gemahlin **Margarete von der Provence** (1221–95). Als dort die Nachricht von der Gefangennahme des Königs ankam, wollten einige Kräfte, vor allem die Genueser und Pisaner, die den Hafen sicherten, die Stadt aufgeben. Margarete brachte am 8. April 1250 – angeblich nur mit der Hilfe eines alten Ritters – ihren Sohn zur Welt, den sie der Lage gemäß **Johann Tristan** (frz. triste = „traurig") nannte. Einen Tag später zitierte sie die Anführer an ihr Bett und schwor sie darauf ein, die Stadt zu halten, um Verhandlungsmasse für die Freilassung des Königs zu haben. Außerdem organisierte sie eine zentrale Verteilung der knappen Vorräte. Schadschar ad-Dur und Turan Schah stimmten schließlich zu. Gegen ein immenses Lösegeld und die Übergabe von Damiette sollten alle Gefangenen freigelassen werden. Dann aber rebellierten die Mamelucken und brachten am 1. Mai 1250 Turan Schah um. Doch an Damiette und dem französischen Geld waren auch sie interessiert. Am 6. Mai wurden die Stadt übergeben und die Gefangenen freigelassen.

In Akkon

Nach seiner Freilassung kehrte Ludwig jedoch nicht nach Frankreich zurück, sondern segelte nach Akkon, weil er um dessen Existenz fürchtete. Da die Moslems nicht angriffen, kümmerte er sich um die Ordnung der inneren Verhältnisse. Er ließ die Befestigungsanlagen ausbauen und erreichte in zähen Verhandlungen mit den Muslimen, dass die Gefangenen aus der Schlacht von La Forbie im Jahr 1244 freigelassen wurden. Außerdem schloss er einen Waffenstillstand mit dem ayyubidischen Sultan von Damaskus,

der sich inzwischen sowohl von den Mamelucken als auch von den Mongolen bedroht fühlte. Erst 1254, als er vom Tod seiner Mutter **Blanca** erfuhr, die er als Regentin in Frankreich zurückgelassen hatte, trat Ludwig den Heimweg an.

Der Hirten-kreuzzug

Als im Jahr 1251 die Meldung in Frankreich eintraf, dass der König, der wegen seiner Frömmigkeit im Volk große Anerkennung genoss, bei den „Ungläubigen" gefangen sei, löste das einen großen Schock aus. Wie schon beim Kinderkreuzzug von 1212 mobilisierten Prediger das einfache Volk, welches sich in den Wahn hineinsteigerte, das Desaster des ritterlichen Kreuzzuges beheben zu können.

Misstrauen in Paris

In diesem Fall predigte in Nordfrankreich ein Mann, der sich Meister Jakob nannte und wahrscheinlich ein ursprünglich aus Ungarn stammender Mönch war. Er behauptete, ihm sei die Jungfrau Maria erschienen und habe ihn beauftragt, die Schäfer ins Heilige Land zu führen, um den König zu retten. Angeblich schlossen sich ihm 60.000 Menschen an, vorwiegend junge Landbewohner, darunter auch Frauen und Kinder. Diese Menschenmasse führte er im Mai

Blanca von Kastilien

nach Paris, wo er sich um eine Audienz bei Ludwigs Mutter, der Regentin **Blanca von Kastilien** (1188–1252), bemühte. Diese betrachtete die Zusammenrottung einer so großen Menge armer Menschen jedoch mit Misstrauen. Sie erließ strenge Auflagen für die Kreuzfahrer und verbot ihnen vor allem, in der Nähe der Sorbonne zu lagern, da es an der Universität in der Vergangenheit wiederholt Unruhen gegeben hatte.

Unruhen in Frankreich

Die Menge verließ Paris schließlich wieder, doch ihr Ziel war nun nicht mehr, nach Kairo zu ziehen, um den König zu befreien, sondern um diejenigen, die ihn – ihrer Meinung nach – im Stich gelassen hatten, zu bekämpfen: Kirche und Adel von Frankreich. Aus dem Kreuzzug wurde eine **Sozialrevolte**. Ein Teil zog nach Norden. In Rouen wurden der Erzbischof vertrieben und Priester in die Seine geworfen, in Tours Klöster angegriffen. Ein anderer Teil begab sich nach Orléans. Als man auch dort nicht mit offenen Armen empfangen wurde, griff man – gemeinsam mit unzufriedenen Studenten – ebenfalls Klöster an. Dann ging es weiter nach Amiens und Bourges, wo es auch zu Pogromen gegen die Juden kam. Königin Blanca gab schließlich den Befehl, die Kreuzfahrer als Aufständische zu bekämpfen. Angeblich sollen sich einige Mitglieder tatsächlich bis nach Marseille durchgeschlagen und dann nach Akkon eingeschifft haben. Doch das ist ungewiss. Die Masse wurde verfolgt und schließlich vernichtet.

! Der Hirtenkreuzzug von 1320

Einen zweiten „Hirtenkreuzzug" gab es im Jahr 1320. Ein junger Hirte aus der Normandie behauptete, der Heilige Geist habe ihn beauftragt, gegen die Mauren in Spanien zu kämpfen. Auch er sammelte eine große Menge um sich, die er nach Paris führte, um den Beistand des Königs zu erhalten. Doch Philipp V. weigerte sich, sie zu empfangen. Daraufhin marschierten sie nach Süden weiter und griffen Burgen, Klöster und sogar Krankenhäuser, vor allem aber Juden an. König Jakob II. von Aragon verbot ihnen deshalb, sein Land zu betreten. Als sie sich nicht daran hielten und es zum ersten Pogrom mit mehr als 300 Toten kam, ließ er sie angreifen und die Verantwortlichen hinrichten. Danach löste sich der Rest der Kreuzfahrer auf. Philipp V. legte allen Gemeinden, in denen Juden angegriffen worden waren, Bußgelder auf. Dies führte jedoch dazu, dass es neue Übergriffe gab, die sogar schlimmer waren als die der Hirten.

Der Siebte Kreuzzug

Die Eroberung Antiochias durch die Mamelucken im Jahr 1268 und die Bedrohung der übrigen Kreuzfahrerstaaten veranlassten Ludwig den Heiligen 1270 noch einmal dazu, einen Kreuzzug auf

die Beine zu stellen. Er starb jedoch gleich zu Beginn. Anschließend erreichte der englische Prinz Eduard, der spätere Eduard I., zumindest eine kurzfristige Entlastung für die Kreuzfahrerstaaten. Als er 1272 jedoch wieder nach Hause zurückkehrte, blieben die Christen im Heiligen Land sich selbst überlassen. 1289 fiel Tripolis und 1291 schließlich auch Akkon an die Mamelucken. Damit war die Geschichte christlicher Herrschaft im Heiligen Land beendet.

Eduard von England wird gekrönt

Die Vorgeschichte

Der Machtergreifung der Mamelucken im Jahr 1250 waren erst einmal Kämpfe innerhalb der neuen Herrscherschicht gefolgt. 1260 jedoch wurden die Moslems im Nahen Osten von den Mongolen angegriffen. Am 3. September 1260 gelang es dann dem Mameluckengeneral **Baibars** (1223–77), in der Schlacht bei **Ain Djalut** im nördlichen Palästina die **Mongolen** zu schlagen und damit den Mythos ihrer Unbesiegbarkeit zu brechen. Baibars lockte die etwa gleich starken mongoli-

schen Truppen durch einen vorgetäuschten Rückzug in den Hinterhalt und erzwang einen Nahkampf, in dem die Mamelucken den leichter gewappneten Mongolen dann überlegen waren.

Baibars der Grausame

Nur kurze Zeit nach seinem großen Sieg ermordete Baibars, der als grobschlächtiger, blauäugiger Riese von der Krim beschrieben wird und ein ebenso kaltblütiger wie fähiger Machtpolitiker war, den Mameluckensultan Qutuz auf einer Jagd und machte sich selbst zum neuen Sultan. Danach begann er einen ebenso grausamen wie erfolgreichen Eroberungskrieg gegen die Kreuzfahrerstaaten, das armenische Königreich und die kleineren muslimischen Sultanate an der Levanteküste. Die eroberten Städte ließ er vollständig zerstören und die Bevölkerung entweder umbringen oder in die Sklaverei verkaufen. Den Einwohnern von **Antiochia** versprach er, sie zu verschonen, sofern sie sich ergäben. Als sie das tatsächlich taten, ließ er jeden Einzelnen niedermetzeln. Er diktierte sogar einen Brief an Prinz Bohemund VI. (1237–75), der den Fall seiner Hauptstadt nicht selbst erlebt hatte, in dem er detailliert ausführte, welche Grausamkeiten er der Bevölkerung zugefügt hatte. „Wenn du hier gewesen wärst, hättest du gewünscht, nie geboren worden zu sein", schloss er das Schreiben.

Ludwigs zweiter Kreuzzug

Obwohl die Lage der Christen im Heiligen Land seit Beginn der Kreuzzüge nie schlimmer gewesen war und auch Tripolis und Akkon unmittelbar von der totalen Vernichtung bedroht waren, reagierten die europäischen Fürsten sehr zögerlich auf die Hilferufe aus dem Nahen Osten. Doch da gab es noch Ludwig den Heiligen. Er hatte nach seiner Rückkehr aus dem Heiligen Land regelmäßig Geld und Waffen nach Akkon geschickt und schon 1267 – also ein Jahr vor dem Fall Antiochias – ein neues Kreuzzugsgelübde abgelegt, obwohl seine engste Umgebung dem sehr ablehnend gegenüberstand. Es gelang ihm jedoch, auch seinen Neffen, den englischen Kronprinzen Eduard, den späteren **Eduard I.** (1239–1307), zu überzeugen.

Währenddessen organisierte **Hugo III. von Zypern** (um 1235–84) die Verteidigung von Akkon. Dabei kam ihm zugute, dass Baibars wieder einmal in erster Linie mit den Mongolen beschäftigt war.

 Schon gewusst?

Die Schlacht von **Ain Djalut** war möglicherweise die erste, bei der **Feuerwaffen** eingesetzt wurden. Sie spielten jedoch noch keine große Rolle. Die Mamelucken benutzten sie vor allem, um die Pferde der Mongolen zu erschrecken.

Mongolische Kavallerie-Bogenschützen

Die Pläne des Karl von Anjou

Zu den Fürsten, die Ludwig IX. zum Kreuzzug gedrängt hatte, gehörte auch sein Bruder **Karl von Anjou** (1226–85), der schon beim Sechsten Kreuzzug an seiner Seite gewesen war. Doch dessen Lage hatte sich seitdem entscheidend geändert. Karl hatte **Papst Clemens IV.** (Gui Foucois, um 1200–68) geholfen, die legitimen und illegitimen Nachkommen von Kaiser Friedrich II. aus der Welt zu schaffen – übrigens ein Unternehmen, das die beiden auch als Kreuzzug bezeichneten, da die Staufer vom Papst exkommuniziert worden waren. Als Lohn hatte Karl den **Staufischen Besitz** in Unteritalien bekommen. 1267 schloss er dann ein Bündnis mit dem vertriebenen Lateinischen Kaiser von Konstantinopel, Balduin II. von Courtenay (1217–73). Karl wollte ihm helfen, Byzanz zurückzuerobern, sollte dafür aber ein Drittel aller Eroberungen erhalten. Einige Stützpunkte wie Korfu und Epirus bekam er schon vorab. Ludwigs Kreuzzugspläne kamen ihm da höchst ungelegen, aber er versuchte, das Beste daraus zu machen. Er überredete Ludwig, zunächst den **Kalifen von Tunis, Muhammad I.** (†1277), anzugreifen. Dieser hatte zwar mit den Mamelucken nichts zu tun, sondern pflegte sogar gute Kontakte zu den christlichen Reichen Spaniens und war ein wichtiger Handelspartner der italienischen Seerepubliken, doch er war unter den Staufern ein Vasall Siziliens gewesen und hatte sich dann losgesagt, was Karl nicht akzeptieren wollte. Seinem Bruder machte er weis, es bestünden gute Chancen, den Kalifen mit etwas Druck als Verbündeten zu gewinnen und vielleicht sogar zum Christentum zu bekehren. Außerdem sei Tunis ein guter Ausgangspunkt für Angriffe gegen die Mamelucken.

Clemens IV. krönt Karl von Anjou

Der Angriff gegen Tunis

Im Juli 1270 erreichten die Kreuzfahrer die afrikanische Küste und nahmen zunächst Karthago ein. Dann belagerten sie Tunis. Im August brach jedoch eine **Seuche** aus, vermutlich Bakterienruhr aufgrund schlechten Trinkwassers. Am 3. August starb der französische Prinz Johann Tristan, jenes Kind, das während der Gefangenschaft seines Vaters in Damiette geboren worden war, und am 25. August auch Ludwig der Heilige selbst.

 Schon gewusst?

Auch der französische Kronprinz Philipp (1245–85) hatte seinen Vater auf den Kreuzzug begleitet. Dafür hielt Königin Margarete die Stellung in Frankreich. Kronprinzessin **Isabella von Aragon** jedoch war nach Tunis mitgekommen, obwohl sie erst im März ihr viertes Kind, Karl von Valois, zur Welt gebracht hatte. Als das neue Königspaar nach dem Tod Ludwigs des Heiligen aber die Heimreise antrat, stürzte Isabella in Cosenza vom Pferd, erlitt dadurch eine Frühgeburt und starb. Philipp III. musste also erst seine Frau und seinen Vater begraben, bevor er selbst gekrönt wurde. Margarete zog sich in ein Kloster zurück, widmete sich aber weiter der Verwaltung ihres Besitzes in der Provence. 1282 stellte sie sogar noch einmal ein Heer auf, um Einmischungen ihres Schwagers Karl von Anjou abzuwehren.

Karl jedoch hielt die Belagerung aufrecht und handelte bei Muhammad I. immerhin einen hohen Tribut, Handelsfreiheiten für Christen in Tunis und ein Aufenthaltsrecht für Priester und Mönche aus. Inzwischen kam auch Prinz Eduard in Tunis an und drängte, den Kreuzzug in Palästina fortzusetzen. Karl ging zunächst darauf ein. Doch als bei der Überfahrt einige seiner Schiffe in einem Sturm sanken, kehrte er nach Sizilien zurück.

Das Ende

Eduard traf im Mai 1271 in Akkon ein und konnte kurze Zeit später das von Baibars belagerte Tripolis befreien. Unterdessen sandte Baibars eine Flotte nach Zypern, dessen König in Akkon war und dort die Verteidigung organisierte. Doch elf von 17 Schiffen liefen auf ein Riff auf und Baibars musste die Aktion abbrechen.

Bündnis mit den Mongolen

Eduard nahm nun diplomatischen Kontakt mit den mongolischen **Ilchanen** auf, die in Persien regierten. Diese waren durchaus an einem gemeinsamen Angriff gegen Baibars interessiert, konnten wegen anderer Konflikte jedoch keine sehr große Streitmacht zur Verfügung stellen. Im Oktober 1271 griffen sie die Mamelucken bei Aleppo an und verwüsteten die Gegend, konnten sie aber nicht dauerhaft besetzen. Als im November Baibars Hauptstreitmacht in Syrien eintraf, hatten die Mongolen den Nahen Osten bereits wieder verlassen. Zudem erhielt Eduard die Nachricht, dass sein Vater, König Heinrich III., gestorben war. Also vereinbarte er – mit der Hilfe von Karl von Anjou, dem es gelungen war, gute Beziehungen zu Baibars aufzubauen – einen zehnjährigen Waffenstillstand und kehrte dann nach England zurück, um sein Erbe anzutreten.

Anjou gegen Zypern

1274 versuchte Papst Gregor X. (Tebaldo Visconti, 1210–76) nochmals, einen Kreuzzug zu organisieren, scheiterte jedoch. Dafür kaufte drei Jahre später Karl von Anjou Maria von Antiochia, einer Enkelin der Königin Isabella von Jerusalem aus deren vierter Ehe mit Amalrich von Lusignan, ihre Rechte auf den Titel des Königs von Jerusalem ab. Diese waren jedoch nach der Hinrichtung des Staufers Konradin durch eben jenen Karl von Anjou strittig. Die Fürsten von Akkon erkannten Marias Rechte nicht an, sondern präsentierten **Hugo III. von Zypern**, einen Urenkel Amalrichs, jedoch nicht Isabellas, als „ihren" König von Jerusalem. Daraufhin eroberte Karl Akkon und schloss ein Abkommen mit **Baibars**. Dieser erkannte seine Herrschaft an.

Im Gegenzug versicherte Karl, keine weiteren Kreuzzüge gegen die Mamelucken zuzulassen.

 Italien

Auch König **Peter III.** von Aragon (1240–85), der mit einer Enkelin Kaiser Friedrichs II. verheiratet war, erhob Anspruch auf das staufische Erbe in Unteritalien. 1282 konnte er Karl von Anjou Sizilien entreißen. Dafür wurde er prompt vom Papst gebannt und Martin IV. (Simon de Brion, um 1210–85) rief zum Kreuzzug gegen Peter auf. Karl von Anjou starb jedoch während des Krieges und seine Nachkommen konnten trotz des päpstlichen Beistandes nur Neapel retten.

Statue Karls von Anjou im Gewand eines römischen Senators

Der Fall von Aruad

In Tripolis kam es nach dem Tod von Graf **Bohemund VII.** im Jahr 1287 zu internen Auseinandersetzungen um die Macht. In wechselnden Koalitionen kämpften seine Schwester Lucia, die genuesische, die venezianische und die pisanische Partei gegeneinander. Es ist umstritten, wer den Mameluckensultan **al-Mansur Qalawun** (1222–90) zu Hilfe rief. Hauptverdächtige sind Bürgermeister Bartolomeo Embriaco und die venezianische Partei. Jedenfalls nahm Qalawun die Stadt ein, zerstörte sie völlig und tötete jeden, der nicht rechtzeitig geflohen war. Nun bekam man es auch in Akkon mit der Angst zu tun und wandte sich wieder einmal Hilfe suchend nach Europa. Aus Venedig und Aragon kamen tatsächlich einige Einheiten, aber auch „Kämpfer" aus Norditalien, die größtenteils aus der dörflichen und städtischen Unterschicht stammten. Diese waren auf Kampf und Beute aus, die sie jedoch nicht bekamen, da sich Akkon zwar bedroht fühlte, momentan aber noch in Frieden lebte. Das führte im April 1290 dazu, dass die Italiener auf die erstbesten „Ungläubigen" losgingen, denen sie begegneten. Dies waren die muslimischen Einwohner von Akkon. Aus einem unbedeutenden Zwischenfall wurde ein **Pogrom**, bei dem die Italiener alles niedermachten, was einen Bart hatte. Das traf auch einige Christen, vor allem aber die Muslime. Als Qalawun davon hörte, verlangte er die Auslieferung der Täter und eine hohe Entschädigung. Da die Christen sich weigerten, griff sein Sohn und Nachfolger **al-Aschraf Khalil**

(†1293) die Stadt an. Viele Bewohner versuchten zu fliehen, doch es gab nicht genug Boote. Ein geistlicher Würdenträger soll auf sein Schiff so viele andere Flüchtlinge aufgenommen haben, dass es unterging. Am 18. Mai 1291 nahm Khalil Akkon ein. Sämtliche Bewohner, die noch in der Stadt waren, wurden getötet. Anschließend eroberte der Sultan die übrigen Kreuzfahrerburgen **Tyros, Sidon, Haifa, Tartus** und **Beirut**. Im Jahr 1300 versuchte **Heinrich II. von Zypern** (1271–1324) – gemeinsam mit einem Heer von Ordensrittern von der kleinen Insel **Aruad** – von der syrischen Küste aus, wieder Fuß im Heiligen Land zu fassen. Zwei Jahre später musste auch Aruad aufgegeben werden. Die Verteidiger ergaben sich gegen freien Abzug, der ihnen dann aber doch nicht gewährt wurde. Die meisten wurden sofort getötet, einige Tempelritter nach Kairo verschleppt. Von den Kreuzfahrerstaaten bestand

Belagerung der Stadt Akkon 1291

lediglich das Königreich Zypern fort, das 1425 unter die Oberhoheit der Mamelucken kam und 1489 nach dem Aussterben der Königsdynastie von Venedig übernommen wurde.

❓ Schon gewusst?

Auch, als die Kreuzfahrerstaaten nicht mehr bestanden, wurden die **Titel** weitervererbt, wobei natürlich oft umstritten war, wer der wahre Erbe sei. So gab es beispielsweise fünf Adelsfamilien, die sich – zum Teil bis heute – als **Titularkönige von Jerusalem** bezeichnen: die Nachkommen Karls von Anjou, das Haus Habsburg-Lothringen, die spanischen Bourbonen, die Familie Savoyen, die ihre Ansprüche an die bayerischen Wittelsbacher vererbte, sowie die Barone von Baccari.

Das Fazit

Die Bilanz der Kreuzzüge kann man nur als verheerend bezeichnen. Die Schätzungen der Opferzahlen reichen von einer bis zu **fünf Millionen**, und die Grausamkeiten, die begangen wurden, stellten alles bis dato in Europa Übliche in den Schatten. Davon abgesehen markieren die Kreuzzüge den Beginn der abendländischen Judenverfolgungen, haben den Ruf des Christentums in der islamischen Welt nachhaltig beschädigt, das byzantinische Reich geschwächt und zur Zerstörung des orientalischen Christentums beigetragen. Auch die Tatsache, dass der Islam ab dem 13. Jahrhundert fundamentalistischer und intoleranter wurde und die hochstehende islamische Philosophie in den Ruf der Ketzerei kam, dürfte von den Kreuzzügen wesentlich mit beeinflusst worden sein.

❗ Die orientalischen Christen

Vor den Kreuzzügen war der Nahe Osten in der Mehrheit von Christen bewohnt gewesen, die den verschiedensten Glaubensrichtungen angehörten. Heute gibt es nur noch im Libanon einen größeren Anteil an Christen, etwa 40 Prozent der Bevölkerung. In Ägypten liegt ihr Anteil wohl bei etwa 10 Prozent, in Syrien, Jordanien, dem Irak und Palästina bei etwa 5 Prozent, im Iran und in der Türkei noch weit darunter.

Als positiver Aspekt wird oft der **kulturelle Austausch** mit dem Orient vermerkt. Dieser hat tatsächlich stattgefunden und stellte für das Abendland einen enormen Gewinn dar. Denn da es im Nahen Osten trotz aller politischer Veränderungen (etwa Eroberungen durch die Perser, die Makedonen, die Römer, die Araber oder die Turkvölker) nie zu einem wirklichen Bruch der kulturellen Entwicklung gekommen war – angefangen bei den ersten mesopotamischen Hochkulturen im 4. Jahrtausend v. Chr. –, war der Orient dem Okzident zivilisatorisch weit überlegen. Über den Kontakt mit dem „Morgenland" bekam der Westen wieder Zugang zur Geistes- und Naturwissenschaft der Antike, die dort bewahrt und weiterentwickelt worden war, aber lernte auch ganz konkrete, äußerst wertvolle Gebrauchsgüter kennen.

Windmühlen, Seife und Philosophie

Das Spektrum der **Importe** umfasst **medizinisches und astronomisches Wissen**, die Wiederentdeckung der klassischen griechischen **Philosophie** auf dem Umweg über orientalische Philosophen, Erkenntnisse im Festungsbau, in der Waffentechnik und in der **Mathematik**. Enorme Wirkung hatte das Prinzip der **Windmühle**, denn zuvor war man für Mühlen entweder auf einen geeigneten Wasserlauf angewiesen oder hatte sie mühsam mit Tierkraft antreiben müssen. Das Leben angenehmer machten **Zucker**, die orientalische **Badekultur**, Schminke, Parfums und das Geheimnis der Seifenherstellung – in Europa hatte man sich bis dato sehr mühsam mit

Pottasche beholfen. Neue Stoffe wie Damast und **Baumwolle** kamen damals nach Europa, aber auch Spielkarten, das Schachspiel und zahlreiche **Kulturpflanzen** wie Reis, Sesam oder Aprikosen.

Windmühlen in der spanischen Region Castilla-La Mancha

Doch viele Historiker merken an, dass es dafür nicht unbedingt die Kreuzzüge gebraucht hätte. Der Kontakt mit der orientalischen Welt bestand auch über den friedlichen Handel, die Muslime auf der iberischen Halbinsel und in Unteritalien. Bei vielen Errungenschaften weiß man gar nicht genau, über welchen dieser Wege sie in den Westen gelangt sind. Manche Historiker vertreten sogar die These, dass der Austausch über Sizilien und Spanien eine viel größere Rolle spielte, weil sich Westeuropäer, die sich bewusst mit der orientalischen Kultur und Geisteswelt auseinandersetzen wollten, dorthin orientierten, während die Protagonisten der Kreuzzüge ganz andere Interessen hatten und der Kreuzzugsgedanke eher geistig wenig aufgeschlossene Menschen ansprach.

Die späten Kreuzzüge

Wie viele Kreuzzüge es insgesamt gab, ist unmöglich zu sagen, da bis ins 15. Jahrhundert hinein jede gegen Andersgläubige gerichtete Aktion als Kreuzzug betitelt wurde. Klassischerweise gelten nur die bislang geschilderten sieben Züge in den Orient als „wirkliche" Kreuzzüge. Doch es gab auch danach noch als Kreuzzüge bezeichnete Kriegszüge gegen die Moslems im Nahen Osten.

Belagerung Wiens während des Türkenkriegs 1529

Der Kreuzzug gegen Alexandria

1362 reiste König **Peter I. von Zypern** (1328–69), einer der Herrscher, die sich selber als Titularkönige von Jerusalem sahen, nach Europa, traf dort Papst Urban V. (Guillaume de Grimoard, 1310–70), Kaiser Karl IV. (1316–78) sowie Johann II. von Frankreich (1319–36) und schlug vor, die Kreuzzüge wieder aufzunehmen. Sein eifriges Werben hatte Erfolg. Er brachte tatsächlich eine bunt gewürfelte Mannschaft aus fast allen Ländern Europas zusammen, die sich Anfang September 1365 auf Rhodos traf. Erst als man von dort in See gestochen war, gab Peter das Ziel bekannt: die ägyptische Hafenstadt Alexandria.

Die Plünderung von Alexandria

Die ganze Aktion entpuppte sich dann mehr als Raubzug denn als Eroberungskrieg. Alexandria wurde schon kurz nach der Ankunft eingenommen. Danach folgten ein Massaker an der Bevölkerung – Juden und Christen inklusive – und eine Plünderung, die Peter vergeblich zu verhindern suchte. Als nach drei Tagen die Botschaft eintraf, dass sich ein mamelukisches Heer nähere, segelten die Kreuzfahrer mit ihrer Beute zurück nach Zypern. Angeblich erbeuteten sie so viel, dass sie 70 Lastkähne brauchten, um die Reichtümer abzutransportieren, und auch diese Kähne waren noch überladen, sodass sie Teile der Beute ins Meer werfen mussten, um schnell genug fliehen zu können. Die Plünderung hatte jedoch nicht nur die muslimischen Bewohner getroffen, sondern auch die venezianischen Händler. Das schädigte den **Orienthandel** massiv und ließ die Preise für Gewürze und andere Produkte aus Asien rasant in die Höhe schnellen. Außerdem verschlechterten sich die Lebensbedingungen für die orientalischen Christen im Mameluckenreich, die zeitweise besser geworden waren, wieder.

Überfall auf Tripolis

Peter warb nun für einen Angriff auf die libanesische Hafenstadt **Beirut**. Doch die meisten seiner „Mitstreiter" ließen ihn im Stich, da sie bereits genügend Beute gemacht hatten. Außerdem erhoben die geplagten Venezianer massiven Einspruch, da über Beirut ihr Handel mit Damaskus lief. Sie boten sogar hohe Entschädigungen, wenn er die Stadt ungeschoren ließe. Peter willigte ein. Stattdessen überfiel er mit neu angeworbenen „Gottesstreitern" im Januar 1366 die Städte Tripolis und Tartus. Auch sie wurden geplündert und auch hier zogen sich die Kreuzfahrer anschließend schnell wieder zurück. 1368 versuchte Peter dann nochmals, europäische Soldaten für weitere Überfälle auf muslimische Küstenstädte anzuwerben, doch der Papst und die Venezianer setzten einen Frie-

densschluss mit dem ägyptischen Sultan durch. Über die Motive von König Peter rätseln die Historiker noch heute. Die Raubzüge waren wohl nicht seine Absicht, aber auf eine ernsthafte Eroberung Jerusalems schien er auch nicht aus gewesen zu sein. Möglicherweise hatte er gehofft, durch die Schädigung der Küstenstädte die Stellung Zyperns im Mittelmeerraum zu stärken.

Kleinstadt auf Zypern

Der Kreuzzug gegen die Barbaresken

1390 führten die Franzosen und Genuesen dann einen Militärschlag gegen die **Berber an der nordafrikanischen Küste**, die Barbaresken, durch, der vom Papst abgesegnet und deshalb ebenfalls als Kreuzzug tituliert war. In Wahrheit ging es darum, die **Piraterie** der Barbaresken einzudämmen. Diese lebten vor allem vom Sklavenhandel und überfielen nicht nur Schiffe, sondern auch die Küsten Südeuropas, und zwar nicht reiche, gut befestigte Städte, sondern vor allem ländliche Regionen, wo sie die Bevölkerung verschleppten und in die Sklaverei verkauften. Die Seerepublik Genua trat deshalb mit dem Vorschlag an den französischen König Karl VI. (1368–1422) heran, einen der Hauptsitze der Piraten, die im heutigen Tunesien gelegene Stadt Mahdia, zu zerstören.

Cagliari statt Mahdia

Am 22. Juli 1390 begann ein Heer von vermutlich rund 5000 Soldaten unter Führung von **Ludwig II. von Bourbon** (1337–1410), einem Onkel des französischen Königs, Mahdia zu belagern. Sie hatten jedoch zu wenig Belagerungsgerät mitgenommen, um die Stadt einnehmen zu können. Ende Sep-

tember wurden sie von einer Armee des Kalifen von Tunis angegriffen und mussten sich selbst verschanzen. Schließlich sahen sie ein, dass ihr Unternehmen keinen Erfolg mehr haben konnte, schlugen in Verhandlungen aber einen zehnjährigen Waffenstillstand und eine Tributzahlung heraus. Da das Ergebnis jedoch relativ unbefriedigend für die Ritter war, eroberte man anschließend noch die Städte Cagliari und Terracina unter dem Vorwand, sie hätten die Piraten unterstützt. Beide Städte fielen damit **an Genua**.

Der Kreuzzug von Nikopolis

Der sogenannte Kreuzzug von Nikopolis war eigentlich eine Schlacht der **Ungarn** und ihrer Verbündeten gegen das **Osmani-**

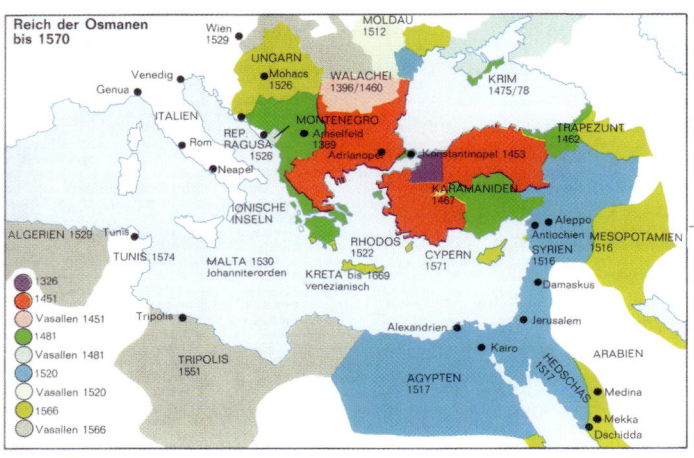

Reich der Osmanen bis 1570

? Schon gewusst?

Schon gewusst?

Von 1378 bis 1417 gab es zwei Päpste: einen in Rom, der vor allem von den deutschen Königen anerkannt wurde, und einen in Avignon, den die Franzosen unterstützten. Später kam sogar noch ein dritter hinzu. Angesichts dieses Zustands, auch bekannt als **Großes abendländisches Schisma**, musste Sigismund sowohl mit dem römischen Papst Bonifatius IX. (Pietro Tomacelli, 1350–1404) als auch mit dem Gegenpapst in Avignon, Benedikt XIII. (Pedro de Luna, um 1342–1422), über sein Kreuzzugsanliegen verhandeln.

sche Reich. Die Osmanen hatten sich 1299 zuerst für von den Rumseldschuken unabhängig erklärt, deren Gebiete erobert und ihr Reich danach vor allem auf Kosten Konstantinopels erweitert. 1371 hatten sie Makedonien eingenommen, 1385 Bulgarien und 1389 Serbien und Bosnien. Nun waren Ungarn und Kroatien bedroht. Beide Länder wurden in Personalunion von **Sigismund von Luxemburg** (1368–1437), einem Sohn Kaiser Karls VI., regiert, der 1433 selbst Kaiser wurde. Er drängte den Papst und die europäischen Fürsten zu einer gemeinsamen Aktion gegen die Osmanen.

Die Niederlage der Ritter

Sigismund konnte dann tatsächlich ein rund 12.000 Mann starkes Heer sammeln, das vor allem aus ungarischen und burgundischen Rittern unter Führung von Herzog **Johann Ohnefurcht** (1371–1419) von Burgund bestand. Sigismund plädierte für eine eher defensive Strategie zur Verteidigung Ungarns, doch die Kreuzritter waren aufgebrochen, um Taten zu vollbringen. Das Heer marschierte im türkisch besetzten **Bulgarien** ein und erreichte am 10. September 1396 die Festung Nikopolis. Da man kein Gerät zum Stürmen dabei hatte, wurde die Stadt belagert. Doch bald traf ein Heer der Türken und ihrer serbischen Vasallen

Die Schlacht von Nikopolis am 25. September 1396

unter Führung von Sultan **Bayezid** (1360–1403) ein. Als es am 25. September zur Schlacht kam, beharrten die burgundischen Ritter auf ihrem Recht, diese eröffnen zu dürfen. Bayezid lockte sie jedoch mit seiner leichten Reiterei in das Schussfeld gut verschanzter Bogenschützen. Um nicht reihenweise von den Pferden geschossen zu werden, saßen die Ritter ab und kämpften zu Fuß weiter. Als sie dann weitgehend erschöpft waren, schickte Bayezid seine schwere Reiterei gegen sie. Unterdessen konnte Sigismund seine Infanterie kaum einsetzen, wollte er nicht die burgundischen Ritter treffen. Die Schlacht endete schließlich mit einer schweren Niederlage der ungarisch-burgun-dischen Koalition. König Sigismund konnte nur knapp fliehen, Johann Ohnefurcht geriet in Gefangenschaft und musste sich teuer freikaufen. Viele Gefangene der Türken wurden auch getötet. Der Eroberungszug der Osmanen wurde allerdings bald danach vom zentralasiatischen Eroberer **Timur** (1336–1405) gebremst. In der Schlacht von Ankara 1402 wurde Bayezid gefangen genommen und starb nach kurzer Zeit.

Die Schlacht bei Warna

Sowohl die Schlacht bei Nikopolis im Jahr 1396 als auch diejenige bei Warna 1444 werden häufig als die letzten Kreuzzüge bezeichnet, sind ihrem Charakter nach aber der Beginn der frühneuzeitlichen **Türkenkriege**. Allerdings hatte Papst Eugen IV. (Gabriele Condulmaro, 1383–1447) auch im Vorfeld der Schlacht von Warna wieder zum Kreuzzug gegen die Ungläubigen aufgerufen.

Johann Hunyadi

Der Kampf gegen die Eroberungsversuche der Osmanen wurde damals vor allem vom ungarischen Heerführer **Johann Hunyadi** (um 1407–56) geführt – und das ziemlich erfolgreich. Allein zwischen 1441 und 1442 besiegte er drei türkische Armeen. 1443 konnte

Władysław III.

er im „Langen Feldzug" die osmanische Herrschaft auf dem Balkan stark erschüttern. Danach schlug Sultan **Murad II.** (um 1403–51) einen zehnjährigen Waffenstillstand vor, den Hunyadi und König **Władysław** (1424–44) von Polen und Ungarn akzeptierten. Unterdessen war aber auf Betreiben des Papstes eine venezianische Flotte Richtung Konstantinopel aufgebrochen. Der päpstliche Legat Kardinal Guilano Cesarini (1398–1444) erinnerte Władysław an dessen Schwur, einen solchen Angriff durch einen Feldzug auf dem Landweg zu unterstützen. Im Namen des Papstes entband er den jungen König von seinem Eid gegenüber Murad. Aber der serbische Regent **Durad Brankovič** (1377–1456), der ebenfalls an den Waffenstillstandsverhandlungen mit den Türken beteiligt gewesen war, bekam Angst vor den Reaktionen der Türken und verriet dem Sultan, dass Hunyadi und Władysław auf Konstantinopel zumarschierten. Murad gelang es dann trotz der venezianischen Flotte, die genau das verhindern sollte, ein riesiges Heer von Anatolien an die bulgarische Schwarzmeerküste zu bringen. Am 10. November 1444 trat er den Polen und Ungarn mit großer Überlegenheit entgegen. Zudem griff der junge König auch noch übereilt an, ohne auf Hunyadis Verstärkung zu warten, und fiel mitsamt einem Großteil der Kavallerie. Auch Hunyadi konnte nur knapp entkommen. Nach der Niederlage konnten die Osmanen ihre Macht auf dem Balkan wieder zementieren und 1453

Kaiser Maximilian I. von Habsburg mit seiner Familie

auch Konstantinopel erobern. Drei Jahre später aber wehrte Johann Hunyadi einen erneuten Angriff der Türken gegen Ungarn bei Belgrad ab. Auch vor dieser Schlacht hatten Prediger noch einmal zum Kreuzzug aufgerufen.

Die Türkenkriege

In der Folge wurden die Kriege gegen das Osmanische Reich vor allem von den Mächten geführt, die direkte Nachbarn waren: Habsburg, Venedig, Russland und Polen. Eine Solidarität der anderen christlichen Mächte gegen die Andersgläubigen gab es nicht. Im Gegenteil: Gerade im Fall der **Habsburger** begrüßten sowohl die deutschen Fürsten im Kaiserreich als auch ausländische Mächte es, dass dieses ohnehin schon mächtige Herrscherhaus nicht noch einflussreicher wurde, und nutzten dessen Gebundenheit in den Türkenkriegen politisch aus. 1528 verbündete sich Frankreich sogar mit dem Osmanischen Reich gegen Habsburg. Nur 1683, als die Türken zum zweiten Mal **Wien belagerten**, sahen die übrigen Mächte darin eine Gefahr für ganz Europa und kamen den Habsburgern zu Hilfe.

! Tod in Ancona

Der Fall Konstantinopels im Jahr 1453 bewegte die Westeuropäer recht wenig. Zu groß war die Entfremdung zwischen Ost und West. Nur **Papst Pius II.** (Enea Silvio Piccolomini, 1405–64) war anderer Meinung. Er rief zu einem neuen Kreuzzug gegen das Osmanische Reich auf. Doch obwohl Pius II. einer der angesehensten Päpste des Mittelalters war, interessierte sich kaum jemand dafür. Also brach der schon schwer fieberkranke Papst 1464 nahezu alleine auf. Angeblich verhüllten seine Diener in der Hafenstadt Ancona die Fenster seiner Sänfte, damit der Sterbende nicht sah, dass sich auch dort kaum jemand versammelt hatte. Mit seinem Tod am 14. August war das Unternehmen endgültig beendet.

Papst Pius II.

Register